Ganz normale Tage

Bellevue

Marta press

Ganz normale Tage

Geschichten von Träumen und Traumata

von

Anna Irmgard Jäger

Marta press

Die Deutsche Bibliothek verzeichnet diese Publikation in der
Deutschen Nationalbibliografie.
Detaillierte bibliografische Daten sind im Internet abrufbar
unter http://dnb.d-nb.de

1. Auflage Februar 2023

www.marta-press.de

Lektorat: Ulrike Gramann, Berlin.
Printed in Germany.
ISBN 978-3-96837-021-7

Inhalt

TEIL III ANKUNFT

TEIL I

KINDHEIT

Sich erst mal vorstellen

„Erika, diese kleine Dame und die Autorin dieses Buches. Sie kann hoch fallen. Sie kann es. Sagt sie zumindest. Erika wird uns jetzt erzählen, worum es in diesem Buch geht und in welches Genre das Buch gehört."

„Ich kann gerade überhaupt gar nichts erzählen. Also, ich bin Erika. Ja, doch. Doch, vielleicht erzähle ich doch, kurz, vielleicht auch länger. Ich hab gerade mein zweites Bier drin. Nicht, dass zwei Bier viel sind, aber in Kombination mit Tabletten verschiedener Form können zwei Bier viel sein und doch auf den Unterleib schlagen. Also, Glückspillen, Beruhigungspillen und Bierpillen sind schon eine heikle Kombination. Aber heikle Kombinationen sind so attraktiv und so viel interessanter als gar keine Kombinationen. Stell dir das mal vor, gar keine Kombination… Nur ein Weg. Was soll ich schon dazu sagen. Ein Weg der immer geradeaus geht, du kennst den Start, und du kennst das Ziel. Aber Umwege, oh Gott, das macht mich heiß, gar sexuell. Umwege sind heiß, weil man das Ziel nicht kennt. Ich wollte eigentlich gar nichts erzählen – siehst du – das wäre der absehbare Weg. Aber ich kann mich selbst überraschen! Kannst Du das? Dich selbst überraschen?"

„Erika, ich will Sie nicht enttäuschen oder gar unfreundlich klingen..."

„Unfreundlich! Mein lieber Herr, das können Sie doch gar nicht. Sie sind viel zu sehr mit einer magischen Attraktivität gesegnet. Das können Sie nicht, unfreundlich sein!"

„Frau Erika, ich bitte Sie, mein Satz war noch nicht zu Ende."

„Verzeihung. Der Satz, mein Schatz!"

„Ja, also jedenfalls wollte ich klarstellen, dass ich hier die Fragen stelle. Sie antworten, ich stelle die Fragen. Das ist hier so vorgesehen in diesem Buch."

„Haha! Schön, Sie gehen also den geraden Weg. Das finde ich gut! Darf ich ihnen zwischendurch ein Bein stellen, damit der Weg etwas holpriger wird, etwas hoppeliger?"

„Frau Erika, ich bitte Sie um etwas Konzentration..."

„Oh, Frau Erika ist immer konzentriert, also mal mehr, mal weniger. Meistens nicht, aber doch öfter, als ich es von mir erwarte."

„Das ist prima."

„Och, Gottchen, sind Sie süß. Ich könnte Sie knutschen und überfallen, Ihnen eine Liebesattacke verpassen! Ich muss mich wirklich konzentrieren, dies nicht zu tun."

„Frau Erika, ich beginne erneut..."

„Ja, natürlich, was immer Sie wollen!"

„Es ging ums Hochfallen – was kann man sich darunter vorstellen?"

„Vorstellen finde ich schon mal großartig! Ich stelle mich jetzt erst mal vor! Hallo! Mein Name ist Erika. Punkt."

„Ja, das ist uns bereits bekannt..."

„Uns? Ich wusste gar nicht, dass der Stuhl mithört! Herr Stuhli und Herr Schreibtischi hören mit zu!! Großartig, ich mag das hier bei Ihnen!"

„Ähm, ja, wie auch immer. HOCHfallen. Wie kann so etwas funktionieren?"

„Naja, schauen Sie mal, (Herr Stuhli und Herr Schreibtischi, mitschreiben die Herren! Jetzt wird es brisant!) Hochfallen, mein Lieber, das geht wunderbar. Das ist, als würden Sie fallen, also runterfallen, stürzen, halt nur rückwärts. Im Schoße des Sturmes. Sie tun sich halt nicht physisch weh, also, vielleicht manchmal psychisch. Wobei ich das nicht gerne voneinander trenne."

„Was jetzt genau?"'

„Na das Physische von dem Psychischen, das ist eine Einheit, mein Lieber – Herr Stuhl, hast du das notiert? Das war wichtig!"

„Könnte man das belegen?"

„Belegen? Ich glaub, ich will doch nicht weitererzählen. Dann unterhalte ich mich doch lieber mit Herrn Schreibtischi!"

„Wie soll ich das jetzt verstehen?"'

„Na, stellen Sie spannende Fragen, wenn Sie Antworten wollen... Belegen? Hallo? Ich bitte Sie, Herr Charmanti, es gibt auch andere Fragen."

„Ja, Sie antworten ja nicht auf meine Fragen."

„Natürlich tu ich das. Ich versuche es nochmal. Wenn Sie Hilfe bei der Übersetzung brauchen, fragen Sie Herrn Stuhli, der ist sehr aufmerksam im Gegensatz zu Ihnen! Sie kommen wohl nicht ganz mit, Herr Charmanti, was? Also, nochmal, Seele und Körper kann man nicht voneinander trennen! Oder haben Sie schon mal eine Zeugung gesehen, die über eine Entfernung stattgefunden hat? Also stellen Sie sich das mal vor, einer hat da eine Erektion und schießt sein Sperma so weit, dass die Empfängerin es aus 20 Kilometern erreicht: ‚Huhu...hiiiierrr...' Das geht doch gar nicht. Also das muss ich mir lassen, das hab ich wirklich gut beschrieben. Das ist ein Akt, bei dem Geist und Körper zusammen, unzertrennbar Leben zeugen. Kennen Sie das? Wissen Sie, was ich meine?"

„Das Zeugen?"

„Nein, die Zeugen Jehovas! Natürlich, Geschlechtsverkehr meine ich!"

„Frau Erika, ich sage es Ihnen ein letztes Mal, hier geht es um SIE! Ich frage – Sie antworten"

„Also, ich mag es zu zeugen! Wunderbar... Ja ja ja ja ... hochfallen, kommen Sie nicht vom Thema ab, Herr Charmanti. Das Hochfallen also, das müssen Sie sich in etwa so vorstellen:

Sie schließen die Augen. Öffnen sie natürlich wieder, gehen raus, treffen einen Bekannten, einen Nachbarn: ‚Hallo, hallo, ja Mensch, ach hallo, ja wie geht's denn so? Das Wetter ist doch toll, ja ja, aha, ja ja klar!'‘ Da fängt der Fall an, mein Lieber!“

„Irgendwann waren wir, glaub ich, beim Siezen.“

„Ja, Herr Charmanti, du hast recht. Der Zerfall beginnt vor der Haustür, vor der eigenen Haustür. Die Menschen wollen sich doch eigentlich was ganz anderes erzählen. Der Zerfall aber beginnt vor dem eigenen Hab und Gut, und in diesem Satz steckt ein Problem – ein Konflikt!“

„Welcher?“

„Das eigene Hab und Gut! Es müsste eigentlich Hab und Schlecht heißen oder Geben und Gut. Hab und Gut, das ist doch völlig bescheuert. Das ist Ego-Müll. Nicht esoterisch, sondern egoterisch.“

„Ich kann Ihnen irgendwie nicht ganz folgen... Ich werde mir etwas Whisky eingießen.“

„Oh! Davon nehme ich auch einen!“

„Aoch je.“

„Hahahha! Aoch je... Sie gefallen mir, Herr Charmanti. Eigentlich wollte ich ja Monologe schreiben, aber dafür brauche ich Sie eigentlich nicht. Schenken Sie sich einen Whisky ein, tun Sie sich was Gutes, gehen Sie einmal um den Block, lüften Sie sich und kommen Sie wieder, wenn Herr Stuhli auf Herrn Schreibtischi steht.“

„Ich werde jetzt gehen, ich brauche tatsächlich etwas Luft...“

„Op! Den Whisky noch einschenken... Wunderbar! Auf Wiedersehen.“

Jetzt weiß ich gar nicht mehr, wo ich war. Och Gott, diese Konzentration ist manchmal wirklich nicht mein Freund. Ich mag zum Beispiel Lachfältchen. Ich meine, wenn ich mit Erdlingen rede, dann kann ich mich in ihre Lachfältchen vertiefen, in Wimpern und Zähne. Leicht schiefe Zähne können so charmant sein... Außer meine eigenen. Und Hände! Hände, während jemand spricht, und die Hände, die ihre ganz eigene Geschichte erzählen... ach... das Leben kann schon schön sein, wenn da nicht immer diese Sprache dazwischenkäme...

Also, warum ich hier jetzt monologisiere, also, ich mag ja keine Sprachen, aber ich habe doch eine Aufgabe, und ich muss jetzt diese irdische Sprache nutzen. Mein Vater, also mein Erzeuger und Erzieher, ja, Tatsache, er zog mich des Öfteren, aber nie gewaltsam, außer ein einziges Mal, wo er mir den Arm auskugelte, aber das war aus Versehen. Er hatte die Gabe, mich dahin zu ziehen, wo es mich hinzog. Dieser Vater, seit ich denken kann in meinem Erikakopf, schrieb! Er schrieb und schrieb und schrieb und schrieb und schrieb einen Roman und schrieb und schrieb. Er schreibt bis heute... Ich meine, sein Schreiben hat schon einige Zeiten überlebt, den Tod seines Vaters, den Tod seiner Mutter, und er schreibt immer noch. Er sagte oft: „Erika, ich kriege dieses Buch einfach nicht fertig – sobald ich Stress habe, kann ich nicht mehr schreiben, ich kriege dann eine Schreibblockade."

Was soll's, dachte ich mir..., was soll's... , ich hab ja auch schon einige Dinge überlebt und geliebt und geweint, komm, dann... dann, dann, dann mach ich das halt! Ja, ich mach das. Ich schreibe das verflixte Buch. Ich werde entblockieren, sonst kann ich nicht atmen.

WAS?, würde jetzt Herr Charmanti fragen.

„Jaaa..., na das Buch meines Vaters. Das schreibe ich dann halt... Mein Gott! 30 Jahre schreibt er schon daran, der arme Kerl. Seit 30 Jahren Schreibblockade. Ich werde mir Dinge ausdenken, und er soll dann raten, ob das wahr ist oder nicht. Mein fiktives Tagebuch! Ich werde auch lügen, aber vor allem werde ich ganz viele Wahrheiten erzählen und ganz viele Lügen. Ich lüge nicht gerne, aber manchmal macht es Spaß, oder es ist zum Überleben wichtig. Also, ich mach das einfach so. Also, mal schauen.

Ich, Erika, werde ein tragisches und zugleich komödiantisches Buch schreiben! Ich werde schreiben und schreiben und schreiben und natürlich über das Geschriebene schreiben. Tragisch-komisch, ‚Trako' nenne ich diese Schreibart! Einfach so!"

Trako

Als ich klein war, also Klein-Erika, bin ich immer mit meiner besten Freundin Loki bowlen gegangen und hab mich immer an der Kasse, an der man seinen Namen angibt, damit dieser später auf dem Bildschirm erscheint, wenn man dran war, als „Monika“ bezeichnet. Ich wollte eine Zeit lang Monika heißen. Und wenn mein Name leuchtete auf dem Bildschirm, wenn ich an der Reihe war, sah ich „Monika“ und war stolz auf mich.

Die Zeit, in der ich Monika heißen wollte, war eine komische Zeit. Monika war für mich eine Art imaginäre Schwester, eine Wertfreiheit, eine Krücke, die ich so von zu Hause nicht kannte. Womit wir schon beim Thema wären... Zu Hause.... Wenn man es denn als ein solches bezeichnen kann. Das Zuhause. Man kam in die Wohnungstür rein, und das erste, was einem begegnete, war ein Flur mit gläsernen Fenstern und Tür. In diesem Flur flüsterten immer kleine, gemeine Stimmen zu mir: „Schau dir dein Haus durch das Glas an – es ist eine Illusion. Glas, kaputtes Glas und die Scherben werden dich blutig langsam zu Tode verbluten lassen.“

Ich mochte diesen Flur, und ich versteckte mich öfter in dem kleinen WC des Flures. Im Gäste-WC. Ich war doch ein Gast, ein Gast in meinem eigenen Zuhause. Wir sind doch alle Gäste. Ich holte mir oft eine Decke und ein Kissen und verbrachte viele Stunden in diesem Gäste-WC, weil es mein Raum war. Weil er nur 1,5 Quadratmeter klein war. Weil er ohne Erinnerungen war, dieser Raum. Das einzige, was mich störte, war, dass, wenn, ich das Licht anschaltete, gleichzeitig die Lüftung anging. Wieso drücke ich einen Schalter und es passieren zwei Dinge? Licht und Lärm? Ich will doch nur Licht, dachte ich damals. Also freundete ich mich damit an, in diesem WC im Dunkeln zu liegen. Ich bevorzugte die Dunkelheit statt des Lärms. Also, dann, in Ordnung - Dunkelheit. Manchmal nahm ich mir eine kleine Kerze mit rein und lag einfach da. Und schaute in die Dunkelheit, die von wenigen leuchtenden Strahlen der Kerze erleuchtet war. Aber sie wackelte. Kerzenstrahlen flackerten, und das beunruhigte mich. Mich beunruhigte die Tatsache, dass mein einziges Licht flackerte und nicht beständig war. Beständig war dagegen der Uringestank, der vom Klo kam. Das Klo war eine Art Brunnen für mich. Denn im Grunde wollte ich verdauen und spülen... Wenn da dieser Uringestank nicht wäre... Tausende, gar Millionen von Urinstrahlen, die dieses Klo besetzten, waren mir doch Freunde. Moleküle und Reste, Bestandteile von Körpern hausten mit mir in diesem WC. Bis es klopfte und meine besorgte Mutter mich wachklopfte. Sie nahm immer die Kerze weg und versteckte den Schlüssel des WCs. Aber es dauerte nicht lange, bis ich den Schlüssel wiederfand. Ich hatte ihre Gedankengänge begriffen und somit auch ihre Verstecke. Hinter den Büchern des im Wohnzimmer groß ausgebauten Bücherregals, erbaut von den Händen meines Vaters, versteckte sie immer den Schlüssel. Mama, dachte ich immer, als ob ich das nicht weiß, dass du hinter den ganzen Geschichten deinen Schlüssel verbirgst. Wieso kannst du ihn nicht mal selbst finden? Warum muss ich ihn immer suchen und auch noch finden? Die Haare meiner Mutter waren wie Draht. Robust. Unflexibel. Es krampfte sich alles zusammen, wenn sie anfing zu sprechen. Vor allem wenn sie zwei Bier sitzen hatte, war sie unerträglich langsam und voller Frust. Es war so, als würde man Frust, Traurigkeit und Trauma in eine Zip-Datei komprimieren. Die Zip-Datei war nicht zu öffnen. Immer Error.

Manchmal, wenn sie betrunken war und sprach, sabberte sie wie eine Bulldogge, und sie schaute so lange fern, bis ihr die Glut der angemachten Zigarette den Finger verbrannte.

Dann war sie ganz kurz da. Ganz lebendig und am Leben. Ich schaute oft dabei zu, wie die Zigarettenglut runterbrannte, um diesen einen lebendigen Augenblick zu genießen.

„Erika, trink ein Bierchen, rauch eine Zigarette, dann kannst du besser schlafen."

Ich war elf Jahre alt.

Das Bier half mir auf jeden Fall immer beim Einschlafen. Von den Zigaretten wurde mir übel, aber trotzdem schmeckten sie gut. Und es war das Beste, was meine Mutter kochen konnte. Dieses Abendmahl.

Auf die kalten Alkoholentzüge meines Vaters freute ich mich immer nur aus einem einzigen Grund: Diazepam. Papa nahm Diazepam, um seinen Entzug besser zu überstehen. Ich liebte das Gefühl, das mir Diazepam gab. Ruhe und Licht, dass, was ich doch ständig in dem Gäste-WC erleben wollte. Es war dann da! Mir tat es nur leid, dass mein Vater dachte, er wird alt, weil er die Pillen wohl nicht richtig zählte.

Papa machte oft Entzüge, und ich entgleiste oft mit. Alle waren dann entgleist. Aber zum Glück gab es Diazepam. Ich war immer noch elf. Elf ist übrigens meine Lieblingszahl und die Sieben. Ich finde diese beiden Zahlen sehr freundlich. Sie schauen immer so süß. Zum Glück ist Herr Charmanti heute nicht da, der würde wieder anfangen, Whiskey zu trinken und um den Block zu laufen. Ich werde ihn das nächste Mal fragen, wenn er mich besucht, ob er seinen Stock vor der Tür lassen kann. Er wird mich fragen:

„Welchen Stock, Frau Erika?"

Ich werde antworten: „Den Stock, den Sie im Popo haben, Herr Charmanti."

Darauf freue ich mich schon. Das ist eine schöne Vorstellung.

Ach, wenn Herr Charmanti doch nur hier wäre, dann könnte ich ihm doch anhand der Wirkung von Diazepam das Hochfallen so gut erklären...

Eine Mark kalt

1994. Deutschland. Bremen. Herbst. Norddeutscher Herbst.

Ich kam mit sieben Jahren zum ersten Mal nach Deutschland. Mama aus Griechenland, Papa deutsch. Gut, okay. Dann jetzt halt Deutschland.

Wir wohnen jetzt hier. Von Athen nach Bremen. Hört ja beides auf „en" auf. Genau wie Erdbeben.

Erste Wohnung, beziehungsweise Zimmer. Brautstraße. Neustadt, Bremen. In diesem Zimmer wohnen wir jetzt. Die Wand für die nächsten Monate war ein Regal. Zwei Matratzen auf dem Boden und eine Kneipe gegenüber, die uns Licht und Lärm schenkte. Meine Eltern gingen jeden Abend mal kurz rüber.

„Wir kommen gleich wieder. Wenn was ist, ruft uns."

Sie kamen nicht gleich wieder, sondern blieben, und ich ging garantiert nicht raus ins kalte Deutschland, um sie zu finden unter all den grauen, kalten und komisch sprechenden Menschen. Deutsch klang für mich wie ein ständiges Sich-Beschweren. Man musste, um diese Sprache zu sprechen, nicht einmal seinen Mund öffnen. Damals, als Siebenjährige, dachte ich, dass es wohl daran liege, dass es hier einfach zu kalt sei, und man deshalb die Zähne zusammenbeißen müsse.

Besoffen kamen meine Eltern wieder.

Wir hatten einen roten Klappstuhl als Sofaersatz. Dieser flog jedes Mal durch das Zimmer, wenn sie sich stritten. Meistens ging es darum, dass meine Mutter meinen Vater in den Wahnsinn treibe, so mein Vater. Meine Mutter wiederum lallte, dass mein Vater Alkoholiker und verrückt sei. Im Grunde waren sie sich also einig.

Der Umzug von Athen nach Bremen sollte ein weiterer Versuch sein, die Beziehung meiner Eltern zu retten, die

Familie zusammenzuhalten. Für die Kinder. Alles für die Kinder. Kinder haben Vorrang. Kinder brauchen Liebe und ihre Familie. Ein warmes Zuhause. Ein Zimmer. Eine Bar. Alkoholiker-Eltern mit diversen offiziellen und inoffiziellen Diagnosen, die sich vor den Kindern an die Kehle gehen.

Ich hatte bald Geburtstag. Mein achter Geburtstag. Mein erster Geburtstag in diesem Deutschland.

Ich war mir sicher, dass meine Eltern mich überraschen würden. Mit irgendeinem Geschenk. Ich war so aufgeregt, dass ich nicht schlafen konnte. Meine Eltern waren noch drüben in der Kneipe. Es war 22 Uhr. Mein Bruder und ich malten oder spielten Mau-Mau, Autoquartett oder, wie meistens, Fußballer-Quartett. Oliver Kahn, Jürgen Klinsmann, Otto Rehhagel. Davor Šuker, den ich sehr sympathisch fand, weil sein Name wie Zucker klang, Marco Bode, der rothaarige Matthias Sammer, natürlich Ronaldo und Lothar Matthäus. Dank meines Bruders kannte ich mich damals ganz gut aus.

Aber nun fielen mir so langsam die Augen zu. Mein Bruder spielte neben mir Gameboy. Die Batterieklappe war mit Tesafilm zugeklebt, da das kleine Scharnier abgebrochen war. Da konnte es passieren, dass die Klappe abfiel und die Batterien herausflogen, während Super-Mario sich in Ägypten befand. Sehr ärgerlich. Tesa war auch alle.

Irgendwann schlief ich ein. Im Halbschlaf hörte ich komische Geräusche. Bestimmt die Überraschung zu meinem achten Geburtstag!

Doch etwas war komisch. Ich stand auf und hörte ein Geräusch, als würde jemand nach Luft schnappen. Hinter dem Regal, das das Zimmer von der Küche abtrennen sollte, fand ich die Überraschung: Meine Mutter saß auf dem roten Klappstuhl. Mein Vater stand vor ihr und würgte sie. Hände um ihren Hals. Meine Mutter rot im Gesicht. Immerhin flog heute der rote Stuhl nicht durch das

Zimmer. Ich zog an den Armen meines Vaters und fing an zu schreien.

„Θα την σκοτώσεις, μπαμπά! Θα πεθάνει μπαμπά! Σταμάτα μπαμπά!!“

Papa ließ nach. Meine Mutter fiel auf den Boden und begann hysterisch zu weinen. Mein Bruder wurde wach und schrie meinen Vater an, dann neigte er sich zu meiner Mama und tröstete sie. Mein Vater ging raus, wahrscheinlich zurück in die Kneipe. Auf der Spüle sah ich ein Teelicht brennen, ein Bierdeckel war als Teller daruntergelegt.

„Κάνε μια ευχή“, sagte Mama.

Mein Bruder umarmte mich liebevoll.

„Komm, wünsch dir was, Erika, mach die Augen zu und wünsch dir was.“

Ich schloss die Augen und pustete.

„Herzlichen Glückwunsch, Erika! Du bist jetzt ein großes Mädchen! Du bist bald wieder ein Schulkind! Ein deutsches Schulkind!“

Bevor ich erneut in die erste Klasse kam, da ich ja noch Deutsch lernen musste, gingen wir wie fast jeden Sonntag auf den Flohmarkt auf der Bremer Bürgerweide.

„Wir kaufen euch jetzt was Schönes für euren ersten Schultag.“

Die Menschen um mich herum brabbelten wieder irgendwas. Ich erkannte sofort, wer deutsch war und wer nicht. Die Menschen, die nicht aussahen wie Deutsche, vermittelten mir ein Gefühl von Zugehörigkeit.

Wir hielten an einer Bratwurstbude. Ich mochte keinen Senf, dafür den Curryketchup. An der Bude beschwerte sich offensichtlich ein Mann über etwas. Ich wusste nicht genau, warum er sich beschwerte, und ich verstand auch nur sehr wenig, aber ich verstand, dass es wohl um die Menge der Pommes auf dem Pappteller ging.

„Wuhu wuh wuch duch much wuw wich Pommes aaawuwuwuw gungwachten wuchten!“, klang es in meinen Ohren.

Meine Mutter erklärte mir, dass er zu wenig Pommes auf seinem Teller hatte. Es fehlten wohl ein paar. Der Teller sei nicht voll bis zum Rand. Ich stellte mir vor, wie dieser Mann ein pompöses Schloss betrat, und der erste Satz, den er von sich gab, wäre: „Bestimmt schwer zu heizen hier!“

Damals als Kind, dachte ich, dass ich mich jetzt auch über etwas beschweren müsste, um deutsch zu sein. Ich wollte unbedingt deutsch sein. Ich schämte mich für meinen griechischen Akzent. Deshalb sprach ich kaum mit Menschen.

„Εδώ κοίτα, αυτο καλό ειναι για το σχολείο.“

Meine Mutter hielt mir einen lilafarbenen Pulli mit den Ninja Turtles darauf entgegen. Fand ich richtig toll und nickte.

„Geben Sie mir fünfzig Pfennig. Die Jeans können Sie auch dazu nehmen. Passt der Lüdden bestimmt.“

„Danke“, flüsterte ich.

Mama nahm den Pulli hoch und sah, dass noch eine Hose daran war. Ein Overall.

„Haben Sie Sere?“

„Ne Schere? Nanu, wofür brauchen Sie denn ne Schere, hörma?“

„Gibst du Sere.“

„Also Fräulein, erstmal heißt das ‚bitte‘ hier! Haben Sie das nicht gelernt in Ihrem Land?“

Mein Papa entschuldigte sich dafür.

Mama nahm die Schere und fing an, den Overall in der Mitte durchzuschneiden.

„Was macht die denn da?“, der deutschen Frau mit Dauerwelle fiel das Gesicht ab.

„Ich wollte Pulli, passt besser zu Jeanshose.“

Es war kalt und ich zog meinen neuen Pulli sofort an. Die „Hose“ landete samt Bratwurstrest im Mülleimer. Von

Mülltrennung hielt meine Mutter eh nichts, also passte das schon. Batterien könne man auch in den Kompostmüll werfen, und Kompostmüll auch zu den Batterien. Alles eh eins. Mull.

„Mull is Mull, der ganze Treck hier, die ganze Seiße!"

Meinem Bruder und mir war alles einfach nur peinlich. Papa kam um die Ecke mit einem grünen Strickpulli:

„Das ist was Richtiges hier."

„Φώρα και αυτό να μήν κρυώσεις, άντε."

Ich hatte mehrere Schichten an, aber kalt war mir noch immer. Aus der Ferne hörte ich eine männliche Stimme rufen: „Eine Mark, eine Mark kalt. Eine Mark! Eine Mark kalt! Eine Mark, eine Mark kalt!"

Ein Mann mit Bauchladen kam uns entgegen. Fanta, Cola und Dosenbier schmückten seinen Oberkörper. Nach der salzigen Currywurst war ein Getränk mehr als angebracht. Für meinen Bruder und mich gab es eine Dose Cola, Papa nahm ein Bier. Mama trank unsere Cola mit. Die Dose roch an der Trinkstelle nach Zigaretten, wenn Mama trank.

Der Mann lief weiter. „Eine Mark, eine Mark kalt! Eine Mark kalt!"

Kälte konnte eine Mark kosten.

Erster Schultag. Einschulung. Unter dem grünen Strickpullover beschützten mich die Ninja Turtles. Jeanshose. Kalt. Die anderen Mädchen trugen Kleidchen und hielten so was wie gigantische Joints in den Armen, bunt oder mit ihrem Namen drauf.

„Schultute, κράτα εδώ."

Ich bekam von meiner Mama eine kleine „Sultute", grün oder so. Auf jeden Fall einfarbig. Irgendwas war auch drin, damit es so aussah, als wäre da was drin.

Wir gingen in die Schulklasse.

Meine Klassenlehrerin hieß Frau Adler. Wir wurden irgendwo hingesetzt. Neben mir saß ein Mädchen mit

Zahnlücken und einem karierten Kleid mit Plüschschultern. Blond und offensichtlich deutsch.

„Wie heißt du?"

„Ich heiße Erika." Ich gab mir Mühe, deutsch zu klingen.

„Was?"

„Erika!"

Sie schaute mich an mit ihren kristallblauen Augen und sagte: „Du bist nicht normal. Du bist Ausländerin."

Innerhalb von drei Monaten lernte ich astrein Deutsch. Akzentfrei. Nachdem ich zu Hause regelmäßig in meinem Zimmer Menschen, die deutsch sprachen, imitiert hatte, gelang es mir irgendwann, so zu sprechen wie sie:

„Ich habe einen Platten. Nimme bitte den Schlussel für die Mulltone. Die Biomulltonne. Mein Mulltonne hat ein Schloss. Meine Mulltone ist sicher. Sicherheit."

Langsam kam ich an.

Mittlerweile wohnten wir in einem sogenannten Sozialwohnungsviertel in Bremen. Für Familien, die vom Sozialamt lebten. Arbeitslosengeld. Unser Wohnblock war kurz vor der Bremer Partymeile.

Wir wohnten auf der ersten Etage, und mein Kinderzimmer ging zur Straße raus. Mein Bruder und ich schauten bis spät in die Nacht Fernsehen, oft Wiederholungen von Talkshows wie „Arabella", „Oliver Geissen" oder „Peter Imhof". Je später der Abend, desto mehr Lärm vom Partyvolk auf der Straße.

„Lass mal Scherz machen, Erika."

Ich öffnete das Fenster und meine Kinderstimme verwandelte sich in die eines alten Rentners:

„Schnauze jetzt! Meine Kinder schlafen."

Ich knallte das Fenster schnell wieder zu.

Mit einem Mal war Stille.

Wir hörten nur noch:

„Entschuldigung! Sorry, passiert nicht nochmal!"

Mein Bruder und ich kriegten uns nicht mehr ein vor Lachen:

„Erika, mach das nochmal mit der Stimme."

Ich imitierte sofort:

„Ich will endlich meine Ruhe haben, ihr Arschgeigen! Das geht mir alles auf den Sack hier."

Mein Bruder lag auf dem Boden vor Lachen.

„Erika, du hörst dich an wie ein Opa!"

Wir realisierten, was uns dieses Fenster für Möglichkeiten bot. Auf die Wiederholungen von Talkshows hatten wir eh keinen Bock mehr. Wir klebten den Fenstergriff mit schwarzem Tape ab, damit man den Griff nicht von außen sah. Die Fenster sahen alle gleich aus, und selbst wenn uns jemand gesehen hätte, hätte er spätestens an den Klingeln aufgegeben. Es waren viel zu viele Klingeln. So viele Namen. So viele nichtdeutsche Namen auch noch! Wo sollte man da anfangen, um die richtige Wohnung zu finden? Außerdem waren wir die einzigen, die aufgrund unseres deutschen Papas auch einen deutschen Namen trugen. Von daher hätten sie den deutschen Namen eh zuletzt verdächtigt. Wir ließen uns aber nie erwischen. Nicht einmal wurden wir erwischt.

Viele der Fenster des Hauses hatten Kondenswasser an den Scheiben, weil die Bewohner nicht lüfteten. Wir fingen an, Dinge aus dem Fenster zu werfen, und belustigten uns an der Reaktion der Passanten. Wir fingen an, Pfennigstücke aus dem Fenster zu werfen, so dass die Passanten dachten, sie hätten sie verloren.

„Hä? Ich hab es doch klimpern hören, genau hier..."

Es ging weiter mit Radiergummis, mit denen wir Fahrradfahrer abschossen und uns darüber amüsierten, wie sie an den Köpfen der Radfahrer wieder abprallten.

„Boing."

Als uns die Münzen und die kleinen Gegenstände ausgingen, mussten wir neu denken. Wir gingen leise durch die Wohnung und schauten uns um. Bücher? Nee, zu schwer... Leere Bierdosen waren genug da, aber die Eltern brauchten das Pfand. Wir brauchten das Pfand. Kühlschrank auf: noch mehr Bier, Billigsalami und Eier. Eier! Das ist es! Auf Passanten warten, heimlich aus dem Fenster schauen, Fenster auf, Ei raus, sich über die Reaktion schlapplachen.

„Eeeeey! Welcher Penner war das! Welches Arschloch aus welcher Asibude war das hier?"

Mein Bruder und ich schauten uns an.

„Asibuden"? Das sind hier keine Asibuden. Das ist unser Zuhause. Den Passanten blieb nichts anderes übrig, als fluchend weiterzugehen.

Der Zehnerpack Eier war alle. Kein Omelett zum Frühstück. Egal. Gegen 4 Uhr morgens beruhigte sich meistens die Lage draußen, und mein Bruder und ich schliefen ein.

An den kommenden Wochenenden ging es natürlich weiter, und meine Freundin, die mich als „nicht normale Ausländerin" bezeichnete, übernachtete bei mir. Loki hieß sie. Ich erzählte ihr von der Fensteraktion mit meinem Bruder. Sie war sofort dabei. Wir fingen an mit Bleistiften, zusammengeknüllten Zeitungen und irgendwelchem Krimskrams. Es wurde aber langweilig, denn die Partyleute kriegten es entweder nicht mit oder sie kickten einfach gelangweilt die Bleistifte zur Seite. Wir wollten doch provozieren und Leute ärgern. Wir wollten doch auf Kosten anderer Leute lachen. Das machte doch keinen Spaß so, wenn keiner mehr reagierte.

„Hast du noch irgendeine Idee?", fragte Loki.

„Zigaretten runterwerfen? Ah nee, dann können wir nicht mehr rauchen."

Wir waren elf oder zwölf.

„Hat dein Bruder nicht noch eine Idee?"

„Nee, der schläft."

„Oh Mann, ey."

„Egal, ich muss Pipi."

Warte, dachte ich.

„Loki! Ich muss Pipi!"

„Ja mach doch!"

„Nein, du verstehst mich nicht! Ich mach gleich Pipi! Wir haben Plastikbecher, da pinkel ich rein, und dann gießen wir das runter!"

Wir konnten uns vor Lachen nicht mehr halten. Ich zog die Hose runter, pinkelte zitternd vor Lachen in den weißen Plastikbecher. Ein voller Pipibecher. Wir warteten, bis der nächste Schub Menschen kam. Es näherte sich eine Mädchengruppe. Die Duftwolke von „Impuls Vanilla Deo" erreichte unsere Nasen, „White Musk" und „Pink Lady" von Orsay oder Pimkie. Fenster auf. Aufgeregt sein. Pipigeruch.

„Jetzt!", sagte Loki.

Ich kippte den Becher nach unten. Vor lauter Aufregung fiel mir der Plastikbecher aus der Hand.

„Scheiße!", flüsterte ich verärgert.

Wir blickten langsam hoch, um zu schauen, was passiert war. Die Mädchengruppe inklusive ihrer Gerüche war vorangeschritten. Nichts war passiert. Weder hatte sie die Flüssigkeit erwischt noch hatten sie den Becher bemerkt.

„Du musst nochmal Pipi machen, Erika!"

„Ich kann aber nicht!"

„Hol mal Bier von deinen Eltern. Wir trinken ganz viel, und dann machen wir das nochmal!"

Schon schlich ich in die Küche und nahm mir eine Dose Bier vom Balkon. Der Kühlschrank war voll mit anderen Dosen. Und Salami. Wir öffneten die Dose Bier. Jede von uns nahm ein paar Schlucke, und dann war die Dose auch schon leer.

„Ich muss jetzt, gib mir den Becher!"

Loki zog die Hose runter, und der Becher wurde voll.

„Diesmal machen wir das aber anders", sagte ich.

„Wir warten so lange, bis jemand zu zweit kommt. Dann können wir genauer zielen, und außerdem werden die sich noch etwas unterhalten, sodass sie das Fenster nicht hören."

Wir warteten auf den richtigen Moment. Von weitem sahen wir einen großen Mann mit einer Frau Hand in Hand laufen. Sie unterhielten sich. Das war unser Moment. Sie kamen immer näher, und wir lugten gerade so über die Fensterbank.

„Lass mich das werfen, Loki, ich sehe die besser. Der hat ne Glatze!"

Loki öffnete das Fenster, ich erhob mich, kippte den Becher aus und es platschte.

„Eeeey, was war das?", sagte der Mann mit der Glatze.

„Kam das von oben?"

„Ja, garantiert! Was ist das? Ist das Saft?"

Der Mann strich sich mit der Hand über seinen Schädel, roch an seinen Fingern und schrie: ;„Das ist Pisse!"

Loki und ich konnten nicht mehr vor Lachen. Ich pinkelte mir etwas in die Hose. Es ging gar nichts mehr. Der Mann schrie und schrie:

„Ich ruf die Polizei! Ich wurde angepinkelt!"

„Aus welchem Fenster kam das denn?", sagte die Frau empört.

„Das sieht doch alles gleich aus hier, die Scheiße, Mann!"

Loki und ich konnten unsere Neugier nicht ertragen und lugten erneut über die Fensterbank. Wir sahen, wie der Mann mit Taschentüchern seine Kleidung abtupfte.

„Loki? Loki, den kennen wir doch?"

„Hä? Zeig mal."

„Loki, das ist der Papa von Jonas aus unserer Klasse, Mann!"

Wir schauten uns an und fingen an zu weinen vor Lachen. Dieses Lachen, das nicht mehr aufhört, und so doll ist, dass man kaum noch Luft kriegt. Das konnte ich nur mit Loki. Wir wiederholten dieses Wochenendritual jedes Mal, wenn sie bei mir schlief. Wenn Loki nicht da war, mussten mein Bruder und ich am Fenster Schicht schieben.

Übrigens, als ich so etwas wie erwachsen wurde, spazierte ich in die Brautstraße der Bremer Neustadt, um meine erste Wohnung in Deutschland von außen zu sehen und nostalgisch zu werden. Von außen sah ich das Haus mit den roten Backsteinen. Und das Fenster im Erdgeschoss erinnerte mich daran, wie oft ich dort stand und auf Papa und Mama wartete, dass sie von der Kneipe von fast gegenüber wiederkämen.

Ich drehte mich um, um nach der Kneipe zu schauen. Die Bar heißt heute: „Furchtbar".

Darmflora

Müsste ich jetzt eigentlich profanerweise einen Anus zeichnen, wo Blumen heraussprießen?

Mach ich aber nicht.

Mein griechischer Opa war Hypochonder.

Meine Oma hieß Aphrodite und war leider schon früh an Darmkrebs gestorben.

Sie war, solange sie lebte, die Säule des Hauses. Mein Opa baute damals das Familienhaus, und meine Oma war dessen unsichtbare Säule. Wie so oft in griechischen Familien.

Papu, also Opa auf Griechisch, hatte sicher schon jedes Krankenhaus Athens von innen gesehen, ebenso die Privatkliniken. Auch denke ich, dass er jeglichen Rettungssanitäter persönlich kannte. So ungefähr einmal im Monat erleuchteten die Lichter des Krankenwagens unsere Straße. Großer Auftritt meines Großvaters.

„Was haben Sie denn, junger Mann?“

Mein Opa war zu dem Zeitpunkt 88.

„Ich habe Schmerzen.“

„Wo haben Sie denn genau Schmerzen?“

„Hier!“ sagte er und rotierte seinen rechten Arm um seinen Körper, von oben bis unten, von rechts nach links.

„Ach so!“, sagte der Sanitäter. Nach einigen Standard-untersuchungen klopften die Sanitäter ihm auf seine Schulter und versicherten ihm, dass alles in Ordnung sei. Skeptisch verabschiedete mein Großvater die Herren, und sobald die Tür hinter ihnen zuging, fing er wie immer an zu fluchen.

„Die wollen alle, dass ich sterbe, die Hurensöhne! Zum Teufel sollen die gehen! Keiner nimmt mich ernst hier! Ich ruf doch nicht zum Spaß den Krankenwagen an! Eine Verarsche ist das! Erstmal brauchen die drei Stunden, um hierherzukommen, und dann messen die mir einmal den Puls und gehen wieder. Ich bin krank! Ich sterbe, und die lassen mich hier krepieren!“

Man muss dazu sagen, dass griechische Flüche auf Deutsch nicht so richtig übersetzt werden können.

Zum Beispiel heißt das Wort „Malakas“ wortwörtlich übersetzt „Wichser“. Dennoch kann es in bestimmten Kontexten als liebevolle, kumpelhafte Ansprache verwendet werden.

„Geh zum Teufel“, kann ebenfalls heißen: „Verarschst du mich etwa?“

Wenn sich ein Mensch mit unwichtigen, oberflächlichen Dingen beschäftigt, während zum Beispiel ein existenzielles Problem besteht, pflegt man folgendes zu sagen: „Die Welt brennt, und die Muschi kämmt sich ihre Schamhaare!“

Einfach alles abrasieren, um gar nicht erst in Verdacht zu geraten.

Wenn mein Opa davon Wind bekam, dass irgendein Gast oder Besucher des Hauses in irgendeiner Form etwas mit irgendeiner medizinischen Sache zu tun hatte, nahm er diese Person in Beschlag. So konnte zum Beispiel ein örtlicher Fußpfleger zum Hippokrates ernannt werden. Fernab der Tatsache, dass er längst die örtlichen Apotheken mit Geld bestach, um rezeptpflichtige Medikamente zu bekommen, hatte er auch längst begriffen, dass er sich mit lautem Gestöhne die Wartezeit beim Arzt ersparte, wenn er mal wieder starb. Nach einem erneuten gescheiterten Versuch, eine neue Diagnose zu bekommen, begab er sich anschließend in das nächste Kafenion, eine Mischung zwischen Café, Bar und Häppchenhütte, wo sich Männer ab 50 treffen. Raki, Ouzo und gesalzene Gurkenscheiben werden serviert. Einige Kafenion hatten die geniale Idee, junge Damen mit weitem Ausschnitt einzustellen, um die Opis zu bespaßen. Ob mit Zähnen oder ohne – die Opis waren vergnügt, und ihre Gebisse klapperten vor Freude und die Taschen der Ladies auch. Trinkgeld. Trinken Sie bitte Geld. Mein Opa hatte stets einen Kinderriegel in seiner Brusttasche auf der linken Brustwarze. Halb angeschmolzen bekam ihn die Dame, die mit ihm einen trank. Diese Kinderriegelfrau hatte genau vier Zähne. Man könnte Verschiedenes hierzu denken. Mach ich aber nicht.

Eines Tages bekam ich eine Nachricht von einer Freundin, mit einem Video, in dem mein Opa durch eine Athener Straße torkelte. Das Ding war, dass Opa immer behauptete, dass er ohne Stütze nicht gehen könne. Er bräuchte einen Rollator. Wenn man von dem Kafenion zu uns nach Hause wollte, kam man um eine Straße, die steil bergab ging, nicht herum. Ab geht die Post. Opa mit vier Raki und ner halben Gurke im Hals befindet sich im Anmarsch. Ich stehe auf dem Balkon und muss dem Senioren-Formel-1 zuschauen. Ganz gut, dass er doch keinen Rollator hat. Er läuft bergab, und ich sehe dabei zu, wie er langsam die Kontrolle über seine Beine verliert und ins ungewollte Rennen kommt. Ich hab meinen Opa noch nie so schnell laufen sehen, geschweige denn rennen. Sein Blick war, als würde er den Kühlschrank öffnen und statt einer Salami ein Wildschwein vor sich sehen. Selbst die verwilderten Straßenkatzen, die einiges in ihrem Leben gesehen haben, gehen ihm aus dem Weg. Er rennt und rennt. Opa rennt. Am Ende der Bergabstraße befindet sich der Supermarkt, und spätestens an der Käsetheke wäre der Marathon erledigt. Das einzige Problem war, dass sich zwischen Bergab und Supermarkt eine Schnellstraße befand. Autoscooter? Ein Nachbar, der gerade versuchte, eine Kakerlake auf der Straße zu killen, sah Opa von oben die Straße runtersausen. Es geschah was sehr Romantisches: Paar-Eiskunstlaufen ohne Eis. Pirouette und Skispringen ohne Skier. Der Kinderriegel flog mit einem großen Bogen auf die Schnellstraße. Der Opa wurde gerettet.

Zu Hause angekommen fiel ihm ein, dass er erhebliche Darmprobleme hat. Von Obstipation bis Diarrhoe war alles im Programm. Aber er wäre nicht er, wenn er nicht eine medizinische Lösung parat hätte. Ihm fiel ein, dass die zahnlose Kinderriegelfrau eine Apothekerin als Mutter hatte. Diese befand sich in Bulgarien. Mit einer gewissen Simultanübersetzerinnen-Gage rief diese Dame ihre Mutter an.

„Ich darf keine Medikamente per Post verschicken!" schimpfte die Mutter der Zahnlosen am Telefon.

„Ja, aber der Mann hier hat seit sechs Tagen Verstopfung, und die griechischen Abführmittel wirken alle nicht."

Lange Denkpause

„Ich werde dann Socken schicken."

„Was?"

„Ja, Socken!"

„Warum zum Teufel willst du Socken verschicken?"

„Ich werde die Medikamente in dicke Wollsocken stecken und so verschicken."

Ein paar Tage später klingelte das Telefon meines Opas. Zu hören war eine Stimme, die gebrochenes Griechisch mit bulgarischem Akzent sprach.

„Ich haben Post finden mit ein Socke drin. Stehen Name drin in Socke, aber Socke nur eine und Bonbon. Weiße Bonbon viele drin. Andere Socke nicht drin."

„Senden Sie mir das zu", antwortete Opa.

Wie soll ein Mensch das jetzt verstehen? Was war mit diesem Paket, und wer war dieser Mensch? Ich hab es bis heute nicht verstanden. Egal. Nach etlichen Tagen kam ein angerissener Umschlag an. Meiner Tante war mittlerweile die Medikamentenkurier-Geschichte bekannt, und sie versuchte, so gut es ging, ihre Augen nicht zu verdrehen.

„Zwei soll ich einnehmen, hat Frida gesagt?"

„Wer zum Teufel ist jetzt Frida?"

„Frida, meine Freundin vom Kafenion."

„Ach so, ja dann, wenn Frida das gesagt hat, dann wird's ja stimmen. Aber nicht, dass dir auch noch die restlichen Zähne abfallen wie bei deiner Freundin Frida!'"

„Hör auf jetzt und gib mir endlich die Pillen! Bring mir ein kaltes Glas Wasser und mach die Klimaanlage wieder an. Das hält ja kein Mensch aus hier diese Hitze! 74 Grad hier drin - ich kann nicht mal meine Lesebrille aufsetzen, weil sie mir vom Schweiß wieder runterrutscht. Die sollen alle zum Teufel gehen!"

„Sei still jetzt und nimm das", sagte meine Tante genervt.

„Fünf Minuten hat Frida gesagt", meinte Opa.

„Ich kann's kaum abwarten", sagte meine Tante ironisch. „Vielleicht hältst du dann endlich deine Klappe, wenn du dich entleert hast."

Fünf Minuten.

Zehn.

45 Minuten.

Zwei Stunden und zehn Minuten.

In der Zwischenzeit hatte meine Tante Milchreis gekocht. Auch gab es weich gekochtes Ei, im Glas gerührt, mit weißem Brot.

4 Stunden.

Lammkoteletts und ein Amstelbier.

Auch ich bekam immer ein Schlückchen, damit ich besser einschlafe. Doch bevor ich zu Bett ging, durfte ich noch den Ausbruch des Vesuvs erleben. Opa war auf einmal weg.

„Ja, wo isser denn?", fragte zynisch meine Tante.

Stöhner aus dem Badezimmer. Ich muss zugeben, dass meine Tante und ich anfingen, hysterisch zu lachen. Welch eine Befreiung. Geräusche der Verwirrung ertönten. Wahre Töne. Von den Tiefen seiner Seele. Nach zirka einer halben Stunde ging die Schiebetür des Badezimmers auf. Zum Glück eine Schiebetür. Man will ja nicht mit der Tür ins Haus fallen. Das blasse Gesicht meines Opas schaute aus der halbgeöffneten Schiebetür heraus.

„Ich habe keinen Dickdarm mehr", sagte er stöhnend. Er hat wirklich gelitten, aber meine Tante und ich waren in einem teuflischen Lachen gefangen. Auch muss ich sagen, dass mich die paar Schlucke Amstelbier mit meinen zehn Jahren ganz schön wirr machten. Ich sollte plötzlich ins Bett gehen.

„So jetzt reicht`s hier. Genug gelacht. Du solltest besser so tun, als würdest du schlafen, bevor deine Mutter wiederkommt. Also ab nach oben mit dir. Du kriegst ja hier gleich ne Fahne", sagte meine Tante laut lachend.

„Aber Mama gibt mir auch Bier!"

„Egal jetzt, geh mal hoch ins Bett."

Während mein Opa nach wie vor stöhnte und meine Tante bei jedem Furz meines Opas wieder in hysterisches Lachen verfiel, ging ich die Marmortreppe hoch, in die Wohnung meiner Mutter. Griechische Gräber sind auch immer aus Marmor, dachte ich, als ich die Treppe ansah. Ich hatte Angst alleine, und alleine schlafen war sicher für kein Kind zärtlich. Ich tat immer so, als wäre ich eine Moderatorin mit einer eigenen Sendung. An diesem Abend hieß meine Sendung „Darmflora".

„Meine Damen und Herren, Herzlich willkommen auch heute zu unserer Sendung Darmflora. Erika öffnet jetzt die Tür, und zusammen schauen wir uns die Wohnung von Erikas Mutter an."

Ich öffnete die Tür und mit meiner zitternden Kinderhand suchte ich entlang der Wand den Lichtschalter.

Licht. Kein Lärm. Kein Mensch. Eine Müllsackrolle wurde zu meinem Mikrofon.

„Ah, herrlich, zu Ihrer Rechten sehen Sie das neue Sofa von Erikas Mutter. Es hat eine wunderbare beige Farbe, hübsch wie die Wüste. Wunderhübsch!"

Mir war angst und bange, weil ich mich dem Flur näherte und genau wusste, dass die Birne seit zirka einem halben Jahr abgebrannt war.

„Zusammen gehen wir nun durch den dunklen Gang. Aber, meine Damen und Herren, fürchten Sie sich nicht, denn gleich sehen Sie das fantastische Schlafzimmer mit dem neuen Bild des Künstlers Riegelo Gurko an der Wand. Auf dem Bild sehen wir, liebe Zuschauer, einen Supermarkt am Strand, und direkt über dem Supermarkt sehen wir statt einer Sonne eine Klimaanlage. Welch ein frecher Geniestreich des Künstlers!"

Ich musste fast Pipi machen vor Angst, doch ich zog die Sendung weiter durch:

„Wir führen unsere Führung fort und sehen nun hier auf dieser Kommode, vor diesem herrlichen, massiven Holzspiegel eine hölzerne, kleine Schüssel mit blauen... Bonbons? Mit blauen Pillen? Ja! Es sind Pillen, meine Damen und Herren, und wer hat gesagt, dass es nicht immer eine Lösung gibt? Zum ersten Mal im Fernsehen darf ich Ihnen dieses neue Medikament vorstellen. Dieses tiefe Meeresblau wie das Wasser unseres ägäischen Meeres wirkt Wunder! Und ach! Wie der Zufall es will, ein Glas Wasser steht auch parat!"

Ich stecke sie mir in den Mund und schaue mich natürlich in dem Spiegel dabei an.

„Ach, wer sagt es denn. Natürlich nehmen wir noch eine zweite ein, auch wenn uns das Schlucken natürlich immer etwas schwer fällt. Nanu! Wir sehen eine Verpackung, vermutlich die Verpackung der blauen Pille! Es steht drauf: Haloperidol. Ebenfalls Hallo! Hallöchen.

Bei der Pille drei sollten wir nun aufhören, denn drei Mal ist Bremer recht. So sagt man es im Deutschen."

An den Rest kann ich mich nicht recht entsinnen. Ich weiß nur noch, dass ich plötzlich ganz viele Handflächen im Spiegel sah und Stimmen hörte. Es war eigentlich recht angenehm, das Gefühl. Die nächste Erinnerung ist, wie ich im Krankenhaus aufwache und meine Mutter mich hysterisch anschreit, wie ich so dumm sein konnte, ihre Pillen einzunehmen. Und das sie mir nie wieder vertrauen könne, mich alleine zu Hause zu lassen.

Plötzlich hörte ich die Stimme meines Vaters, die ich seit ein paar Monaten nicht gehört hatte. Er war aus Deutschland eingeflogen weil ihn meine Mutter anrief, dass ich im Sterben lag. Ich lag allerdings nicht im Sterben. Mir wurde nur der Magen ausgepumpt, weil ich wohl zu viele blaue Pillen eingenommen hatte und aufgrund dessen meine Show unterbrechen musste. Fernab der Tatsache, dass ich mich riesig über die Anwesenheit meines Vaters freute, sprach ich innerlich:

„Meine Damen und Herren, bald bin ich wieder zurück mit dem Thema Darmflora. Aus gesundheitlichen Gründen musste ich leider die Sendung abbrechen. Ich herze sie, liebe Fans. Ihre Erika!"

„Wie kannst du nur so verantwortungslos sein und deine scheiß Psychopillen offen liegenlassen!" schrie mein Vater meine Mutter an.

„Und ihr jetzt auch noch vorwerfen, dass es ihre Schuld ist, dass sie jetzt im Krankenhaus ist. Mann! Sie hätte sterben können!"

Ich dachte kurz, dass immerhin die blauen Pillen meinen Vater dazu gebracht haben, uns mal wieder zu besuchen. Außerdem hab ich schöne Hände am Spiegel gesehen.

„Halt die Fresse und bring ihr was zu essen, Mann!", schrie meine Mutter.

„Essen ist für die nächsten Tage absolut Tabu, Madame“, sagte der Chefarzt.

„Schau, was du angerichtet hast, du Rabenmutter, du Irre! Verkabelt liegt sie jetzt hier, unsere Tochter!“

Aus der Ecke sah ich meine Tante reinstürmen:

„Erika, mein Herz! Oh mein Gott, das ist alles meine Schuld. Ich hätte dich bei mir behalten sollen!“

Der Oberarzt meldete sich zu Wort:

„Ich muss Ihnen mitteilen, dass ich bedauerlicherweise das Jugendamt über den Vorfall informieren musste.“

Meine Mutter wurde rot vor Wut und fing an zu zittern:

„Ich hab sie aber nicht geschlagen!“

„Von Schlagen war auch nicht die Rede, Madame. Es wurde Alkohol im Blut ihrer Tochter gefunden, wodurch in Kombination mit dem Haloperidol auch die Vergiftung zu erklären ist.“

„Du gibst ihr auch noch Alkohol? Du bist eine Hexe!“

„Ich war gestern Abend gar nicht da, du Wichser!“, antwortete meine Mutter.

Meine Tante schaute verschämt auf den Boden.

„Hey!“, schimpfte meine Mutter und schaute meine Tante an: „Hey, du Miststück! Hast du ihr Alkohol gegeben?“

„Das machst du doch auch immer und sagst, dass Kinder damit besser schlafen können!“

Während mein Vater sich in den Mülleimer übergab, packte meine Mutter meine Tante an den Haaren und riss sie durch das Zimmer: „Du blöde Schlampe! Du hättest sie umbringen können! Genau wie damals, als du nichts gesagt hast, als mich die Nachbarjungs fesselten und mir Stuhlbeine in die Scheide rammten! Du hast nichts gesagt obwohl du dabei warst! Stattdessen hab ich noch Schläge einkassieren müssen von unserem Vater und du hast nichts gesagt! DU hast nichts gesagt! Nichts! Ein Stück Müll bin ich für dich! Ein Stück Scheiße! Ich hasse dich! Geh sterben, du Miststück!“

Die Schläuche in meiner Kindernase taten fürchterlich weh, und bevor ich in Ohnmacht fiel, wie mir anschließend berichtet wurde, sah ich meinen Vater meiner Mutter an den Hals gehen. Als ich erneut aufwachte, saß mein Vater neben mir und streichelte mir die Hand, die gestern noch nach dem Lichtschalter suchte.

„Ich bin jetzt wieder bei dir, meine kleine Erika. Ich bleib jetzt hier bei dir."

„Bleibst du jetzt in Athen?"

„„Ja."

„Versprochen, Papa?"

„Ja, Erika, ich suche mir jetzt eine Bleibe und bleibe in Athen, bei dir und deinem Bruder."

„Du kannst doch bei uns bleiben, Papa!"

„Weißt du, Erika, das wird nicht gut gehen mit deiner Mutter und mir... Das ist kompliziert. Und ich will nicht, dass dein Bruder und du uns so viel streiten seht."

„Nein, ich kann das! Das macht mir nichts, euch streiten zu sehen! Wirklich nicht. Du kannst auch immer in meinem Zimmer schlafen, und dann musst du nicht in Mamas Zimmer schlafen. Da sind eh komische Hände im Spiegel."

„Was ist im Spiegel?"

„Egal."

„Weißt du, für heute Nacht bleibe ich in der untersten Etage bei deinem Großvater und deinem Onkel. Ich war vorhin da und musste deinem Opa Elektrolyte besorgen. Er sei seit 24 Stunden auf dem Klo, weil er irgendwelche abgelaufenen Medikamente aus Bulgarien eingenommen habe, meinte er. Ich hab gedacht, ich sehe den Tod auf Latschen, als ich vorhin da war."

Ich wollte loslachen, aber der Schlauch in meinem Rachen tat unfassbar weh. Also wieder von innen sprechen:

„Meine Damen und Herren, morgen die Fortsetzung unserer Sendung ‚Wie Sie eine gesunde Darmflora aufrecht erhalten!'"

„Papa? Kannst du eigentlich zeichnen?“, flüsterte ich. „Ich will, dass du mir einen Popo zeichnest, aus dem Blumen rauskommen.“

Er musste furchtbar doll lachen, und ich dachte mal wieder, wie doll ich diesen Menschen liebte. Seine Grübchen waren die einzigen Gruben, die es schafften, mich wieder glücklich zu stimmen.

„Weißt du Papa, wenn ich gestorben wäre, dann wäre ich sehr traurig darüber, wenn ihr mir eine Grube gegraben hättet. Ich will bitte, dass ihr all meine Organe spendet und mich dann verbrennt und dann zur Einäscherungsparty alle weiß tragt oder bunt. Und dass ihr euch mit einem Mikrofon, was zum Beispiel eine Müllsackrolle sein kann, aber eine von weißen Müllbeuteln, eure schönsten Erinnerungen mit mir erzählt!“

„Ich weiß genau, welche ich erzählen würde!“

Das liebte ich an ihm! Nicht wie meine Mutter, die mich angeschrien hätte, wie ich nur über meine Beerdigung reden könne, stieg mein Papa direkt mit ein:

„Sasasa!“

„Was?“

„Wir fuhren entlang der Küste auf Paros. Dein Bruder saß hinten rechts von dir. Ich saß am Steuer und deine Mutter war Beifahrerin. Du schautest aus dem Fenster und sagtest die ganze Zeit ‚SASASA! SASASA!‘, das ging die ganze Zeit so, und zwischendurch sagte deine Mutter: ‚Sei leise jetzt!‘ Du hörtest nicht auf! ‚SASASA! SASASA!‘“

„Aber das klingt ja fast wie das griechische Wort ‚Thalassa‘.“

„Ja, Erika, das Wort Meer auf Griechisch! Und ich kapierte erst nach so langer Zeit, dass du auf das Meer schautest und mit ‚Sasasa‘ einfach ‚Thalasa‘ sagen wolltest! Das Meer! Dein erstes Wort war das Meer am Meer, mein Erikalein!“

„Fandest du mich dann süß?“

„Du warst sogar so süß, dass ich das Auto anhielt, raus ging, deine Tür aufriss und dich vor Freude in die Luft warf!"

Wir kicherten. Papa und ich kicherten. Wir mussten allerdings leise sein, weil wir uns ja schließlich immer noch im Krankenhaus befanden. Meine Mutter platzte ins Zimmer rein und hatte zwei Riesenkratzer im Gesicht.

„Hat deine erbärmliche Tante gestern echt Milchreis mit Lammkottelets gemacht?"

„Woher weißt du das?"

„Woher ich das weiß? Weil ich gerade zu Hause war und die Scheiße deines Opas von den Wänden und dem Boden schrubben musste. Das Einzige, was ich nicht gefunden hab, war sein Darm selbst. Die restlichen Reiskörner hab ich deiner Tante hinterlassen. Welcher Idiot kam eigentlich auf die Idee, ihm diese Medikamente zu geben?"

„Wie geht es ihm denn jetzt?"

„Na bestens! Wie denn sonst! Er lässt übrigens ausrichten, dass er stinksauer auf dich ist, Erika! Wie es denn sein könne, dass du Pups im Krankenhaus bist und er immer nach Hause geschickt wird."

„Erika, wir gehen jetzt nach Hause, mein Engel", sagte Papa.

Die Kabel wurden mir vorsichtig entfernt, ich wurde wieder hergerichtet.

Im Auto. Mein Vater am Steuer und meine Mutter Beifahrerin. Ich erinnerte mich daran, dass ich mal im Radio gehört hatte, dass bei einem Autounfall eher der Beifahrer stirbt als der Fahrer. Ich schaue aus dem Fenster. Rote Ampel. Papa bremst. Es regnet. Eine Pfütze, und ich flüstere: „Sasasa."

Schönes-Wochenende-Ticket

Die deutsche Heimat meines Vaters war die Pfalz.

Landau. Albersweiler.

Dort wohnte meine deutsche Oma, die wir ein- bis zweimal im Jahr besuchten.

Da das Geld immer knapp war, kaufte mein Vater immer ein Schönes-Wochenende-Ticket, auch 30-Mark-Ticket genannt. Das bedeutete, dass man zu seinem Ziel fuhr mit jedem Bummelzug, den es gab, und gefühlt zwölfmal umsteigen musste.

Wir stiegen in Bremen ein. Raucherwaggon. Der Zug meistens sehr voll. Wenn wir Glück hatten, erwischten wir einen Vierersitzplatz. Nachdem alle saßen und der Zug losfuhr, ereignete sich immer folgende Prozedur: Mein Vater öffnete die Bierdose, meine Mutter rauchte erstmal eine. Mein Bruder und ich hatten immer das Gefühl, von allen angestarrt zu werden. Wahrscheinlich war es auch so. Wir wussten, dass uns viele Stunden Zugfahrt bevorstanden. Mein Vater hatte die Angewohnheit, sich laut mit anderen Fahrgästen zu unterhalten. Das war auch erstmal in Ordnung so. Nach mehreren Umstiegen und mehreren Bierdosen sah es aber anders aus. Papa saß immer gerne neben Menschen, die ebenfalls viel Dosenbier tranken.

Ab einem gewissen Pegel brüllten sich alle nur noch an und spätestens, nachdem meine Mama die Tupperdosen mit den Frikadellen mit Zaziki öffnete, war es Zeit für meinen Bruder und mich, vor Scham zu verschwinden.

„Mama, das stinkt nach Knoblauch!“

„Σκάσε! Ich werde Fuchs und Teufel, wenn du das nochmal sagst! Das ist Essen! Keine Seiße!“

Mein Bruder und ich setzten uns in die Erste Klasse, und einer hielt Wache. Wenn ein Kontrolleur kam, verschwanden wir ganz schnell wieder in den Frikadellenwaggon, in dem mittlerweile alles drunter und drüber ging. Es lief oft laute Musik aus den Kassettenrekordern von alten Punks, meine Eltern mittendrin, man verwechselte Hunde mit Rucksäcken auf dem Boden, und der Zigarettenrauch stand. War ja zu kalt draußen. Warum kalte Luft reinlassen und sich dann wahrscheinlich eine Erkältung holen? Irgendwann wurde auch gekifft und mein Vater machte seinen allerliebsten Special effect: Er hob bei vollem Waggon seine Beine, hielt das Feuerzeug an seinen Po und zündete seinen Furz an. Ein mindestens 20 Zentimeter hohes Feuer wurde entfacht, doch die Köpfe meines Bruders und von mir waren vor Scham heißer als das Feuer. Er selbst lachte immer am meisten über sein Können.

Einmal saß mir ein Mann gegenüber, der besoffen war und mich anstarrte. Meine Eltern waren mit Streiten beschäftigt. Mein Bruder spielte Gameboy.

Der Mann schaute und schaute, durchbohrte mich mit seinem Blick. Mein Herz pochte, und ich schaute aus dem Fenster auf die vorbeirasenden Felder. Mein Kinderherz pochte vor Angst. Ich vermute mal, dass berauschte Menschen Kindern Angst machen können.

„DU HAST ANGST", brüllte mich der Mann an. Mein Vater reagierte zum Glück sofort.

„Hau ab du Arschloch! Lass meine Tochter in Ruhe, hau ab! Verpiss dich!"

Der Mann packte seinen Rucksack und lallte sich in einen anderen Waggon. Ich betete, dass der Mann beim nächsten Halt aussteigen würde.

„Meine Damen und Herren, nächster Halt ist Göttingen, nächster Halt Göttingen." Mein Vater lallte, dass wir sieben Minuten Aufenthalt hätten und er schnell ein paar Bier holen würde. Ich hasste diesen Satz: „Bin sofort wieder da."

Sofort kann man nicht irgendwo sein, es sei denn, man ist schon da, während man das Wort „sofort" ausspricht. Der andere besoffene Mann stieg auch aus. Ich schaute auf die Uhr. Meine Mutter rauchte und schimpfte auf Griechisch irgendwas. Ich weiß es nicht mehr. Ich ging an die Zugtür und beugte mich nach vorne, um zu sehen, ob Papa schon von weitem zu sehen war.

Nichts.

Noch zwei Minuten.

Wo er denn bleibt?

Ist ihm was passiert? Hat er sich mit dem anderen besoffenen Mann gekloppt?

Schafft er es, wieder zurückzukommen? Ist er gestolpert?

Noch eine Minute.

In meinen Ohren klang es nach „Du hast Angst..."

„Hol die Koffer, wir steigen aus! Alles raus, dein Vater schafft es nicht. Ἔξω! Ἄντε γρήγορα! Ἔξω εἶπα!", schrie meine Mutter. Mein Bruder und ich packten mit an, und wir warfen Gepäckstück für Gepäckstück auf den Bahnsteig. Ein Rucksack ging auf, und etwas fiel zu Boden.

„Coco!", rief mein Bruder. „Coco ist auf die Schienen gefallen! Coco!"

Coco war das Lieblingskuscheltieräffchen meines Bruders. Da lag Coco nun unter dem Zug. Mein Bruder kniete nieder und versuchte, an die Schienen zu kommen. Von weitem hörte ich meinen Vater schreien.

„Eeeeeeey! Geh weg von den Schienen! Das ist gefährlich!" Da war Papa ja wieder.

Ansage: „Meine Damen und Herren auf Gleis 12, Gleis 12, der Zug fährt jetzt ab!"

Alle Koffer wieder rein, alles wieder reinwerfen und die Blicke von vernünftigen Menschen ertragen müssen. Die Plastiktüte meines Vaters voller Bier. Die Koffer wieder im Zug. Bruder im Zug, Mama im Zug, Papa im Zug. Bier im

Zug. Angst im Zug. Die Türen schlossen sich mit viel Lärm, und Coco lag noch auf den Schienen.

Für die nächsten Stunden war ich damit beschäftigt, meinen Bruder zu trösten.

Der Verlust von Coco war hart. Vor allem, weil Coco nichts dafür konnte. Coco war leise und kuschelig in dem Rucksack meines Bruders gewesen.

„Er hat doch niemandem etwas getan", weinte mein Bruder.

„Brudi, ich bin mir sicher, dass ihn jemand ganz Liebes findet und auf Coco aufpasst und ihm ein Zuhause schenkt."

„Wird er ihn dann auch Coco nennen?"

„Hundert pro! Das sieht doch jeder, dass das Coco ist!"

Beim nächsten Halt in Kassel stieg ein junger Mann ein, blonde, lange Haare mit langem Bart und einem weißen Gewand. Als Kind musste ich sofort an die orthodoxen Bilder denken, die an griechischen Wänden hängen. Der liebe Herr Jesus war im Zug. Jesuslatschen.

Aber dieser Jesus war irgendwie komisch und sah unfreundlich aus.

Er legte seine helle Ledertasche ab und stieg nochmal aus.

Gehen die jetzt alle Bierdosen kaufen, dachte ich. Neben mir lag die Ledertasche und ich fragte mich, was da wohl so alles drin ist. Ein Brot? Unterhosen? Ein Rosenkranz?

„Meine Damen und Herren, der Zug fährt ab, Gleis 10, der Zug fährt jetzt ab."

Die Tasche. Der Mann. Jesus war noch nicht da.

„Papa, der Mann ist nicht da und seine Tasche ist noch hier."

„Scheiße."

Der Zug fuhr langsam los, langsam schneller. Von weitem sahen wir Jesus dem Zug hinterherrennen und seine

Latschen klatschten bei jedem Schritt. Mein Vater riss das Fenster herunter und schrie: „Ich schmeiß dir jetzt die Tasche raus!"

„Nein!" rief Jesus und mit einem Sprung hing er von außen an unserem Fenster. Der komplette Waggon sprang auf und schrie, da der Zug immer schneller fuhr.

„Du musst jetzt springen! Ich werfe dir die Tasche raus und du springst, sonst wirst du sterben beim nächsten Pfeiler! Du wirst sterben!!"

Der Zug wurde schneller und schneller und seine blonden Haare und Bart wedelten im Gegenwind. Auge in Auge mit Jesus.

„Spring! Bitte spring!", schrie der komplette Waggon. „Der nächste Baum oder Pfeiler bringt dich um! Spring!" Schnell, schneller. Komplette Hysterie war ausgebrochen.

„Jetzt spring!"

„Ich muss aber nach Braunschweig! Ich muss nach Braunschweig!"

Jesus musste nach Braunschweig, koste es, was es wolle.

In der Zwischenzeit hatte jemand die Notbremse gezogen, und der Zug verlor an Geschwindigkeit. Eine sehr korpulente Schaffnerin stampfte wütend durch den Flur zur Zugtür. Mit jedem Schritt schallerte sie aus Versehen jedem Fahrgast, der saß, eine mit ihrem Fahrkartengerät.

„So, Freundchen, Sie kommen jetzt mal schön rein. Beim nächsten Ausstieg erwartet Sie die Polizei, und das gibt erst mal ne fette, fette Anzeige, mein Freund, das können Sie aber mal wissen."

Jesus war endlich eingestiegen.

Welch eine gesegnete Reise.

Manchmal, wenn es schon spät war und unsere Eltern im Waggon schliefen, ging ich im Zug spazieren. Ich stellte mir vor, dass ich eine erwachsene Frau wäre, die alleine reist und ein eigenes Leben hat. Ich malte mir im Kopf alles detailliert aus. Wie sie aussah, wie sie redete, was sie trug. Und wenn ich mal durch einen Waggon lief, in dem keiner saß, setzte ich mich manchmal hin. Ich redete laut und spielte die ausgedachte Frau nach:

„Also, ich wohne in Köln und bin Schauspielerin, ich arbeite im Fernsehen und bin sehr erfolgreich. Ich habe einen blonden Mann und wohne mit ihm in einem großen Haus. Wir haben oft Besuch. Ich würde durchaus sagen, dass wir gastfreundliche Menschen sind, und großzügig sind wir auch. Das Leben war nicht immer leicht, aber heute kann ich sagen, dass ich mein Leben im Griff hab."

Wenn plötzlich Menschen auftauchten, tat ich so, als würde ich Gesichtsübungen machen, um meine Selbstgespräche zu kaschieren. Oder ich verschwand in ein anderes Abteil. Neues Abteil, neue Rolle. Ich setzte mich in einen Vierer zu einer Familie und tat so, als würde ich gestresst ein Deutsche-Bahn-Magazin lesen. Ich glaube, ich imitierte Fahrgäste, die beruflich unterwegs waren. Ich war mir sicher, dass meine Mitmenschen von mir dachten, dass ich eine Geschäftsfrau sei. Nur schade, dass sie mich dann manchmal im Raucherabteil mit meinen Eltern wiederentdeckten, Frikadellen essend unter Pfanddosen.

Na ja. Das Leben einer Geschäftsfrau hat viele Facetten, dachte ich.

Bei manchen Spaziergängen durch den Zug schaute ich aus der Zugtür und wartete, bis ein Zwischenhalt kam. Irgendein Dorf. Was würde passieren, wenn ich einfach kurz herausrennen würde? Kurz raus, Laterne anticken und wieder reinrennen. Als Mutprobe. Komm schon Erika, mach das! Die Tür klappt auf. Stille und Kälte steigen in den Zug. Ich mache einen Schritt nach vorne... Noch einen Schritt... Jetzt einfach kurz rausrennen und wieder rein! Ich traute mich einfach nicht. Mist! Ich war schon so oft kurz davor, aber der Gedanke daran, dass die Türen hinter mir zuklappen und dass ich es nicht schaffen könnte, rechtzeitig wieder reinzuspringen, versetzte mich in Panik.

Dann würde ich dastehen. Nachts, in einem Kaff. Ohne Menschen. Und mir meine Eltern vorstellen, wie sie und mein Brudi durch den Zug rennen und mich suchen, alle Klos aufsperren lassen und nach mir rufen. Wann hätten sie es überhaupt bemerkt? Mein Bruder hätte es schnell gemerkt und bestimmt gedacht, dass ich auf der Suche nach Coco wäre. Also ließ ich es lieber sein mit der Mutprobe und widmete mich meinen Rollenspielen.

Manchmal setzten mein Bruder und ich uns einfach zu anderen Familien in die Erste Klasse. So kamen wir auch gar nicht in den Verdacht, zu dem Frikadellenwaggon zu gehören. Nur der Zigarettengestank unserer Klamotten hätte verraten, dass wir einer anderen Klasse angehören. Manchmal zogen wir ein Fenster herunter, streckten unsere Köpfe raus in die Fahrtrichtung und öffneten unsere Münder. Atemberaubend war das. Außer, als mein Bruder auf die Idee kam, in Fahrtrichtung zu spucken.

Auf das Umsteigen freuten mein Bruder und ich uns. Es waren meistens maximal vier Minuten Umsteigezeit. Vier Minuten mit oft vielen Koffern, aber vor allem vielen Tüten. Immer diese Tüten. Vier Minuten mit einem lallenden Papa und einer gestressten Mutter. Vier Minuten können so brutal sein.

Also gut, mein Bruder und ich hatten ein Kettensystem entwickelt, um so schnell wie möglich das Gepäck rauszuwerfen, sobald die Türen aufklappten. Natürlich waren die Gleise dann auch meistens sehr weit voneinander entfernt. Und das Rennen begann. Mein Bruder und ich rasten vor, meine Mutter humpelte und mein Vater torkelte uns hinterher. Während mein Bruder und ich rannten, summte er immer die Melodie von „Kevin allein in New York", bei der im Film Kevins Familie durch den Flughafen rennt, um den Flieger zu kriegen, schlussendlich aber Kevin in den falschen Flieger steigt und alleine in New York landet statt wie geplant mit den Eltern in Paris.

Erika und Brudi allein in der Pfalz. Wir lachten oft an dieser Stelle der Reise.

Zug steht noch. Noch eine Minute, Koffer hineinwerfen, Mama humpelt noch hinterher, Mama herein in den Zug, Brudi im Zug, Erika im Zug. Tüten im Zug. Papa. Papa? Wo ist Papa?

„Okay, alle Koffer wieder raus."

„Εξω, όλοι έξω!"

„Haaalt!"

Von weitem sahen wir ihn kommen. Eine Tüte voller Dosen. Zum Glück ist er jetzt versorgt.

Mit Sorge rannte ich raus und nahm ihn an die Hand.

„Komm, Papi, gleich geschafft!"

„Achtung, Gleis 9. Der Zug fährt jetzt ab. Der Zug fährt jetzt ab."

Alle drin? Alles drin? Alle drin. Alles drin.

„Schnell zur Ersten Klasse, Erika."

„Ja, Brudi, das haben wir uns jetzt auch wirklich verdient."

Rheinland-Pfalz, Landau, Albersweiler.

„Wie war die Fahrt, meine lieben Enkel?"

„Super, Oma! Besser ging's nicht. Alle Züge waren pünktlich. Auf dic Deutsche Bahn ist echt Verlass."

Die Katastrophe zum Mitnehmen

Fedelhören, Hausnummer 55, Bremen.

Der 26. Oktober. Mein neunter Kindergeburtstag. Mein Gott. Neun Jahre leben kann schon anstrengend sein. Auf meiner Gästeliste standen GrundschulfreundInnen wie Loki, Jenny, Jan-Michael und Olga.

Meine Mutter hatte die griechische Gewohnheit, auch andere Leute einzuladen, die ich teilweise gar nicht kannte, weil man das halt so machte, um das Leben der Kinder zu zelebrieren.

Eigentlich ganz süß.

So kam es, dass ein befreundetes Pärchen meiner Eltern samt seinen Kindern auftauchte.

Meine Jiajia-Aphrodite war extra aus Griechenland nach Bremen geflogen. Sie reiste nie und kannte sich eigentlich fernab ihrer Küche in Athen nicht sonderlich gut aus mit anderen Sitten und Bräuchen. Doch wer sein Herz am rechten Fleck trägt, und das tat sie, kann auch in anderen Flecken ohne Flecken klarkommen.

Unsere Wohnung im Fedelhören hatte einen grau-silbernen Teppich, den wir vom Vormieter übernommen hatten. Bei genauem Hinschauen entdeckte man den einen oder anderen Silberfisch. Wenn man sie plattdrückte, hinterließen sie einen silbernen Fleck, der schwer zu entfernen war. Mein Bruder und ich drückten sie entweder in den Teppich, oder wenn sie die Wand hochkrabbelten, verpassten wir ihnen einen mit der Latsche. An den Silberfischen ließen wir unsere Wut aus, denn eigentlich kriegten wir immer den Latschen ab.

Silber ist eine schöne Farbe und wertvoll. Ich realisierte, dass einige Menschen morden, um wertvolle Dinge zu erlangen. Ich kuschelte meine innere Mörderin und verzieh mir den Mord an den Silberfischen. Goldfische hatten wir nicht, dafür aber zwei Wellensittiche namens Ziwi und Horst.

Auch Ziwi und Horst waren geladene Gäste meiner Geburtstagsfete.

Meine Jiajia-Oma hatte einen Kuchen gebacken und verteilte ihn großzügig an die Gäste. In der Küche saßen die Erwachsenen, und mein Vater trank Dosenbier.

„Willste auch eins, Harald?“, fragte mein Papa den Papa von Jenny.

„Ach du, ich nehme lieber einen Pfefferminztee.“

„Ach komm, Harald, jetzt trinkste eins zur Feier des Tages! Unsere Töchter sind doch in einer Klasse, da sind wir ja auch Freunde“, lallte er Harald an.

„Muss ich dir etwa zwei, drei verpassen, damit du einen mittrinkst?“ sagte mein Vater ironisch.

Harald fand es, glaub ich, nicht so lustig, und ehe man sich‘s versehen konnte, klatschte mein Vater Harald zwei Backpfeifen.

„Also sage mal! Wie benimmst du dich denn? Was bist du denn für ein Asi? Ich komm hier an, und du klatscht mir ein paar, damit ich mit dir saufe, oder was? Für wen hältst du dich eigentlich?“

„Ah, jetzt hab dich nicht so, Harald, hab ich doch ein Späßchen gemacht.“

„Das ist überhaupt nicht komisch, und deshalb gehe ich jetzt auch, und Jenny nehme ich auch mit.“

Schwuppdiwupp nahm Harald Jenny an die Hand, und weg waren sie.

„Tί `εκανες πάλι βρε παιδί μου και τον έδιωξες;“ rief meine Mutter.

„Ich hab doch nur einen Scherz gemacht! Der hat doch einen Stock im Arsch! Der schämt sich doch vor seinem eigenen Furz. Dumm geboren und nix dazu gelernt, sag ich nur.“

Nach einem kleinen Aufruhr begab sich mein Vater zu mir ins Zimmer

„So, Kinder, jetzt kommt zur Feier des Tages das langersehnte Feuerwerk für meine allerliebste Tochter Erika. Seid ihr bereit?“

Die Kinder schauten aufgeregt. Mein Vater setzte sich auf den Sessel, hob seine Beine, hielt ein Feuerzeug in seiner rechten Hand.

„Erika, zieh mal an meinem kleinen Finger! Und alle anderen in Deckung!“

Ich zog schnell an dem kleinen Finger. Papa pupste, und im gleichen Moment hielt er das Feuerzeug an seinen Po, sodass eine riesige Flamme entstand. Mein Vater und ich fielen zu Boden vor Lachen. Beim Hinaufschauen sahen wir auf irritierte Gesichter.

„Ih, das stinkt voll!“ klagte Jan-Michael.

„Das kann gar nicht stinken, mein Freund, ich hab ja den Gestank weggebrannt“

Ich realisierte peu à peu, dass meine Gäste das gar nicht so lustig fanden wie ich.

Meine Jiajia-Oma ging ans Fenster, um zu lüften. Sie drehte den Fenstergriff nach oben und zog. In Griechenland gab es kein Kippsystem bei den Fenstern, was dazu führte, dass sie anfing zu schreien, da sie dachte, dass ihr das komplette Fenster entgegenfiele.

„Ich will nach Hause!“ schrie Olga.

Mein Vater hängte sich an den Türrahmen und gab affenartige Geräusche von sich.

„Kinder, ich bin ein Affe! Ua a a a… Ua a a a!“

Die Kinder lachten verlegen. Die mir unbekannte Familie kam dazu. Nun waren wir alle in meinem kleinen Zimmer.

„Mama, pass doch auf mit deiner Zigarettenasche! Die liegt hier überall“, schimpfte mein Bruder.

„Benimm du dich mal lieber“, schoss meine Mutter zurück.

Die mir unbekannte Familie fing an, über etwas mit einem englischen Wort zu sprechen.

„Wir machen Swinger schon seit Jahren. Das ist ein toller Ausgleich zu dem anstrengenden Alltag mit den Kindern. Das hat uns nochmal einen richtigen Kick in der Beziehung gebracht."

Mein Vater hörte interessiert zu, während meine Mutter die Augen schon um 180° verdreht hatte.

„Ach bitte, hört auf jetzt, das ist ekelhaft", sagte sie empört.

„Jetzt sei doch nicht gleich so verklemmt, Mensch, man muss auch mal neue Dinge ausprobieren im Leben" ermutigte sie mein Vater.

„Du, ich sag's euch", fuhr der Mann fort, „das ist der absolute Wahnsinn, meine Frau im Doggy mit nem anderen zu sehen. Das Swingen hat uns echt zusammengebracht."

„Είναι σύχαμα αυτοί ρε!"

„Also wir würden das gut finden, wenn du auch deutsch sprechen würdest, damit wir dich auch verstehen", bat das Paar meine Mutter.

„βρέ α στο διάολο θέλουν και deutsch sprechen! Ich spreche, was ich will! Das ist mein Zuhause!"

„Was hat sie davor gesagt?", fragte das Paar.

Ich klinkte mich ein: „Mama meinte, dass es ganz schön kalt hier ist und wir wieder das Fenster schließen sollten", versuchte ich es zu retten, doch mein Bruder hakte nach:

„Hieß das nicht ‚Geht zum Teufel, ihr ekelhaften Kreaturen?"

Meine Jiajia , die kein Wort Deutsch verstand, bat mich um Übersetzung.

„Oma, die reden über Sprachen und Hunde."

„Über sprechende Hunde? Hier in Deutschland gibt es auch alles. Nur eure Fenster sind kaputt."

Mein Vater holte die Gitarre raus. Direkt zum Refrain:

"I am your Venus, I am your fire, your desire! Yapajide she's got it!"

„Papa, sing mal das Lied mit dem Pferd!"

Mein Bruder und ich fanden unseren Vater zu dem Zeitpunkt eigentlich ganz lustig. Er nahm eine ernste, traurige Miene an und legte los:

„Ich seh das Eisen, das mein Ponny trug. Dieses Eisen, das ich selbst ihm schlug. Sein Zaumzeug rostet jetzt im Stall, doch ich seh mein Ponny überall. Es war mein Freund. Ich habe niemals einen andern so verehrt. Nur ich allein kenn den Wert. Ich sprach zu ihm, wie man nur zu einem guten Freunde spricht. Seinen Platz in meinem Herzen verliert er nicht."

Betrübte Stimmung und kalte Luft in meinem Kinderzimmer.

Fragender Blick meiner Jiajia-Oma

„Es ging wieder um Tiere, Jiajia"

Sie nickte verständnisvoll. Mir fiel ein, dass ich noch Mini-Playback-Show spielen wollte:

„Wir machen Spice Girls! Ich bin Mel C, Loki du bist Emma, Olga ist Mel B und Jan-Michael ist Ginger."

„Was ist Ginger?", fragte Jan-Michael durch seine viel zu dicke Brille.

„Egal jetzt, du tust einfach so, als würdest singen. Einfach immer mitmachen."

„Und was ist mit Victoria?"

Ich schaute mich um.

„Oma Jiajia, komm mal her, wir brauchen dich kurz!"

Die Jury übernahmen Ziwi und Horst.

„Mama, I love you, Mama I care…" Nach einigen Spice-Girls-Songs klingelte es an Tür.

Die Kinder wurden abgeholt. Olgas Mutter war zuerst da.

„Und, mein Mäuschen, wir war es? Hattest du Spaß?"

„Erikas Papa hat die ganze Zeit gefurzt und aus seinem Popo kam Feuer raus."

Fragende Blicke.

„Mein Papa macht das immer zum Spaß“, rechtfertigte ich ihn.

„Wo ist denn dein Papa, Erika?“

„Der schläft.“

„Und Mama?“

„Mama ist Zigaretten holen gegangen“

Ich bemerkte, dass Mama jetzt schon etwas länger weg war. Meine Jiajia-Oma kam um die Ecke und sagte mir auf Griechisch, dass sie den Gästen noch Essen einpackt. „Spanakopitakia!“, sagte Jiajia lächelnd zu Olgas Mutter:

„Spanagota?“

„Nein, Spanakopitakia“, korigierte ich.

Jiajia-Oma überreichte ihr eine Tupperdose.

„Sag deiner Oma, dass wir kein Fleisch essen.“

„Nein, da ist kein Fleisch drin. Das ist mit Spinat und Käse.“

„Was sagt sie da?“

„Dass sie kein Fleisch essen“

Jiajia-Oma kam mit einer zweiten Tupperdose: „Kreatochortopita“.

Olgas Mutter lächelte freundlich und nickte.

„Sag deiner Oma, dass das ganz lieb von ihr ist, aber wir haben schon zu Abend gegessen.“

„Meine Oma besteht darauf, dass Sie das Essen mitnehmen. Das macht man halt so.“

Olga drängte: „Mama, ich will nach Hause.“

Nachdem alle Gäste gegangen waren und mein Bruder und ich alle Geschenke noch mal angeschaut hatten, entdeckte mein Bruder wieder Zigarettenasche auf dem Boden.

„Erika, ich mach mir langsam wirklich Sorgen um Mama. Überall ist diese Asche.“

„Besser Asche als Silberfische, oder?“

Mein Bruder und ich lachten.

Wo bleibt sie denn eigentlich? Die ist jetzt echt schon lange weg. Papa schläft schon vor dem Fernseher und Jiajia-Oma auch.

„Okay, Erika, ich bleib bei Papa, da läuft auch gerade Fußball, und du gehst raus nach Mama schauen."

Ich schlüpfte in meine Gummistiefel und zog die Regenjacke von Papa an. Draußen war es kalt und nass.

Wenn die Ampel grün leuchtete, schaute ich trotzdem immer nach links und rechts. Man war ja nie sicher. Kakteen können auch Schmerzen machen, obwohl sie grün sind. Ich überquerte also die Straße und ging zur Haltestelle Am Dobben. Mein Blick traf den Zigarettenautomaten an der Straße. Ich sah, dass die Marke Winston ausverkauft war. Entweder hatte Mama die letzte Schachtel gekauft und war gegangen, oder sie war schon vorher ausverkauft, sodass meine Mutter nach einem Kiosk suchte.

Mir fiel ein, dass nicht allzu weit weg ein Restaurant war, in dem es auch einen Zigarettenautomaten gab. Ich platschte über die Straße und ging zielstrebig zum Eingang des Restaurants. Ich öffne die Tür. Ich sehe einen Tisch. Auf dem Tisch liegt eine Schachtel Winston. Der Mann, der am Tisch sitzt, schaut mich an: „Bist du Erika?"

„Rauchst du Winston?", antwortete ich.

„Nein, aber deine Mutter. Sie ist grad auf Klo."

„Woher kennst du meine Mutter?"

„Deine Mama und ich sind… Freunde."

Mama kehrt vom Klo zurück mit verwischtem pinken Lippenstift am Mund.

„Erika, das ist Ali. Komm, wir gehen jetzt nach Hause."

„Kommt Ali auch mit?"

„Nein, Ali bringt uns nur bis zur Tür."

Am Ausgang sehe ich, wie Ali meine Mutter zärtlich umarmt. Mein Blick schweift weiter, wie um das Gesehene zu verarbeiten. Wie ein Scanner. Mein Blick stoppt bei einem Mann, der einen Magazinständer vor sich stehen hat. Neben ihm stehen zwei Frauen in langen Röcken

„Erika, guck da weg. Das sind Zeugen Jehovas, die sind krank. Das ist ne Sekte."

Ich scanne die Zeugen von oben bis unten. Sie halten alle eine Zeitschrift. Ich lese den Titel des Magazins „DIE KATASTROPHE". Direkt unter dem Magazin hängt ein Zettel: Zum Mitnehmen.

Die Katastrophe. Zum Mitnehmen.

Telenovela. Wie das Klischee mit dem Onkel entstand

Ich war zwölf Jahre alt. Die Zeit, in der man sich als Mädchen entdeckt, kurze Shorts trägt, nachdem man sich das erste Mal die Beine rasiert hat. Ich weiß noch sehr genau, wie es sich anfühlte, als ich mir die Beine das erste Mal rasiert hatte. Das Gefühl, den Stoff der Hose auf meiner nackten, enthaarten Haut zu spüren. Ich fing an, meinen Körper zu entdecken, und so langsam gefiel ich mir sogar. Ich fand großen Gefallen daran, meine Locken zu glätten. Die Haare glänzten mehr, wenn sie glatt waren. Sie wurden schneller fettig, weil ich viel Spülung benutzte, damit die widerspenstigen Locken überhaupt glatt werden konnten. Der Glanz der Haare verschwand schnell, weil ich viel rauchte, und zudem hatte ich die Angewohnheit, eine Strähne mit meinem Finger zu nehmen und daran zu zwirbeln. Dadurch fetteten meine Haare sehr schnell, weil ich auch keine Freundin des Händewaschens war. Meine damalige beste Freundin Karmen, die aus einer Roma-Familie stammt, zeigte mir eines Tages, wie man auf dem Bügelbrett mit dem Bügeleisen die Haare glättete. Aufgrund dessen hatte sie eine Narbe am Ohr. Ich hatte sehr große Ohren. Deshalb bügelte ich nur ab der Mitte und abwärts meine Haare. Das sah richtig scheiße aus. Oben lockig, unten aalglatt. Meinem Onkel schien ich trotzdem zu gefallen.

Sommer, warm. 40 Grad. Klimaanlage läuft auf Hochtouren. Ich kleine Erika hatte einen kleinen Sonnenbrand hier und da, weil ich sehr weiß war und die griechische Sonne zwischendurch sehr aggressiv.

Aggressiv war der Onkel nicht. Ich saß nach einem langen Tag am Meer am Bettrand, und der Fernseher lief wie ein Radio im Hintergrund. Irgendeine Talkshow über ein prominentes Ehepaar. Er hatte sie betrogen mit einer Jüngeren, und sie hatte sich aufgrund dessen liften lassen.

Meine Haut war jung und blass. Der Duft nach dem Meeresbad, Sonnencreme, die die sensible Haut angeblich beschützen sollte. Der Onkel kam ins Zimmer. Blick zum Fernseher. Die geliftete Betrogene sah gar nicht so schlecht aus mit ihrem tiefen Ausschnitt und ihren High Heels, aus denen die lackierten, langen Zehnägel rausgedrückt wurden wie kleine Würstchen. Wahrscheinlich hatte sie Lover, die auf ihre Füße standen. Der Onkel setzte sich neben mich. Schaute mich an von oben bis unten. Er sagte kein Wort. Stattdessen biss er sich auf die Unterlippe, während er meine jungen Schenkel betrachtete.

Der Onkel war damals um die 50 und schizophren. Selbstgespräche, viele Tabletten und viel Alkohol. Ich kannte ihn eigentlich nur auf dem Balkon sitzend, rauchend in die Ferne schauend, zwischendurch lachte er alleine.

Jetzt saß er neben mir.

In die Augen schaute er mir trotzdem nicht. In meinem zwölfjährigen Kopf fragte ich mich, ob es vielleicht ein Kompliment ist, dass ich so angeschaut werde. Ob man das so machte. Ob das dazu gehört. Der arme schizophrene Onkel, der Pflegefall, der nichts für seinen Zustand kann. Meine Tante und meine Oma bekochten ihn, wischten ihm den Arsch ab, fütterten ihn und streichelten ihm regelmäßig über den Kopf.

Er rückte näher.

Erneut biss er sich auf die Unterlippe.

„Hübsch", sagte er. Auf Griechisch.

Monoton wie immer.

Er legte seine Hand auf meinen Oberschenkel.

Von wegen, Sonnencreme beschützt die Haut.

„Du wirst bestimmt später richtig schön aussehen."

Ich lächelte schüchtern.

Der arme Pflegefall wollte mir doch nichts Böses?

„Du wirst richtig geil aussehen."

Ich schaute beschämt nach unten.

Im Augenrand sah ich aus seiner kurzen Shorts sein Geschlechtsteil, welches eine Erektion hatte. Das hatte ich schon mal im Fernsehen gesehen, im griechischen Fernsehen liefen ab 22 Uhr Pornos im Fernsehen. Das Bild kannte ich.

Er sah mich an. Ins Gesicht. Er stand auf und legte sich auf das Bett gegenüber. Shorts runter, Geschlechtsteil raus.

Er holte sein Geschlechtsteil raus und fing an zu masturbieren.

„Du wirst bestimmt später richtig gut blasen können.“

Ich war still und schaute wie gelähmt auf den Fernseher. Zu sehen war die neue, junge Geliebte des Prominenten. Sie hatte gemachte Brüste und Zähne in Tipp-Ex-Weiß. Doch aus dem Augenwinkel sah ich eine andere weiße Flüssigkeit schießen.

Er stand auf, klatschte mir zwei Mal kumpelhaft auf die Schenkel und ging.

Werbung.

Eine neue Sonnencreme sei im Angebot.

Ich schaute die Talkshow zu Ende.

Nach ein paar Stunden kam meine Tante rein. Keine Ahnung, wieviel Zeit vergangen war. Eine Stunde? Vielleicht drei?

Zwischendurch lief auf jeden Fall einmal „Lolek und Bolek“ im Fernsehen, und der Wetterbericht versprach eine fruchtbare Saison. Heiß sollte es werden. Die Talkshow mit der Tipp-Ex-Frau kam wieder.

War ich länger als drei Stunden hier?

Meine Tante fragte mich, ob es mir gut geht, und ich sagte ihr, dass der prominente Mann im Fernsehen eine neue Geliebte hat.

„So sind sie, die Männer! Heiraten, machen Kinder, und wenn dann die Titten der Frau anfangen zu hängen, suchen sie sich ne Jüngere. Wetten, die Jüngere hat gemachte Titten? Und wetten, dass sich seine alte

Schabracke bald auch die Titten macht? Ich lege meine Hand für ins Feuer, dass die bald ausrastet mit Schönheits-OPs! Die will dann nämlich so aussehen wie die Neue von ihm, und das Widerlichste ist, dass es sogar sehr gut sein kann, dass der Typ die Alte auch noch ein paar Mal ballert, weil er insgeheim weiß, dass diese Frau alles für ihn getan hat, ihn immer, überall unterstützt hat, auf die Kinder aufgepasst und nie ein Wort gesagt hat, nie gemeckert hat, damit er seine Karriere durchziehen kann. Ich sag dir das, so ist das!"

„Sie hat ein Lifting gemacht", sagte ich

„Ja, siehst du! Jetzt fängt die Alte an, jetzt gibt es kein Halten mehr. Vielleicht bumst sie demnächst ein junger Typ, der Mitleid mit ihr hat."

„Ja, bestimmt", sagte ich altklug.

„Was ist das?"'

„Was ist was?"

„Das weiße Geschmiere auf dem Laken?"

In mir krampfte sich alles zusammen.

„Ist das Sirup? Was ist das? Scheuermilch?"

Sie bückte sich und roch dran.

Mir wurde schlecht. Ich wollte kotzen.

„Ach so, ja, ich hab vorhin gezuckerte Kondensmilch gegessen."

„Auf dem Bett??"

„Ja, ich hab nichts anderes gefunden, Tante, ich wollte was Süßes."

„Das machst du sofort weg! Jetzt! Das ist ja widerlich."

„Ja, stimmt Tante, das ist widerlich, das tut mir leid, das wollte ich nicht."

„Ist egal jetzt, mach das einfach weg."

Ich holte einen Lappen. Die Matratze war nicht bezogen, so kam ich in den Genuss, das Ejakulat meines Onkels mit Chlor zu schrubben. Chlor macht richtig gut sauber. Chlor macht alles weg, ist aber leider hautätzend und schadet der Umwelt.

„Ich gehe jetzt runter zu deinem Onkel und bringe ihm sein Essen, der Arme hat seit heute Morgen nichts gegessen. Er hatte Bauchschmerzen, der Arme. Der kann sich ja nicht mal ein Ei kochen."

„Oh, der Arme, ja dann muss er wohl jetzt was zu essen kriegen."

Die Wahrheit ist, dass ich wirklich Mitleid hatte mit ihm.

„Brauchst du noch was?"

„Nein, aber ich hab dein Chlor alle gemacht."

„Chlor! Ich gebe dir ein paar Drachmen, hol welches nach. Chlor braucht man immer."

„Ja, das stimmt, Tante, Chlor braucht man immer."

Abzocken und klauen

Um mich für die Gewalt und das Gefummel zu rächen, kreierte ich eine ganz eigene Methode der Bewältigung. Klauen, zocken und heimlich stehlen, aber nicht draußen. Drin. In meinen eigenen Wänden. Genau dort, wo die Gewalt und das Gefummel in diesen vier Wänden stattfanden, genau da sollte auch die Rache performt werden. Neben dem ehemaligen Babybettchen, wo Menschen einst auf mich hinabschauten und den Erzeugern gratulierten und sich freuten.

„Was für eine hübsche Frau sie doch mal wird."

Ich muss 12 oder 13 gewesen sein.

Aus der Not heraus entstand diese Eigentherapie. Ich hatte Schmacht und keine Kippen. Die Winston-Zigaretten meiner Mutter schmeckten nach Kotze und der Geruch war penetranter als andere Tabaksorten. Damals rauchte ich lieber Tabak. Sich eine drehen ist kuscheliger.

Ich wühlte in der Tasche meiner Mutter rum, um Kleingeld für Zigaretten zu finden. Tabakbrösel liegen auf dem Grund der Tasche. Ein Stück abgebrochener Lippenstift hinterlässt rote Flecken auf meinen Fingern.

Außer vermeintlichen Blutspuren nichts zu finden. Da mein Großvater mit dem Onkel im Erdgeschoss des Hauses wohnte, ging ich zu meinem Plan B über. Ich öffnete die Haustür. Opa schläft auf der Couch. Der Fernseher läuft, und griechische Nachrichten erzählen von der schwierigen politischen Situation zwischen der Türkei und Griechenland. Mein bester Freund in Deutschland ist Türke. Die sollen sich auch mal mit den Türken anfreunden und sich nicht so anstellen. Ich gehe zuerst leise wie ein Kätzchenbaby in das Zimmer meines Onkels. Keiner da. Nur der Fernseher läuft leise, irgendeine untertitelte mexikanische Telenovela, und es riecht nach kaltem Rauch.

Auf der Kommode liegen drei Packungen verschiedener Psychopharmaka. Auf den Packungen stehen Notizen wie: „morgens 3x“, „zum Einschlafen“, „vorher was essen“ oder „Wenn Stimmen hören 2mg", oder „Wenn zu aufgeregt und alleine lachen“.

Ich öffne die Kommodenschublade. Kleingeld. Ein Kleingeldparadies. Jeder Spielsüchtige würde einen spontanen Orgasmus kriegen. Hand rein, klatschen, ohne Sonnencreme, Faust machen, zugreifen. Das hast du davon, du Ekel.

Ich packe zurück, ich greif zu und nehme mir, drei bis vier Haufen Kleingeld. Ist mir scheißegal, ob du als Pizzalieferant arbeitest und kein Kleingeld hast. Kein Wechselgeld hast, Stress mit deinem Chef kriegst, weil Geld fehlt. Es ist ja schließlich nur Geld, oder?

Mit den Taschen voller Geld, fest zusammengeschnürt in meinen Hosentaschen, damit es nicht klimpert, gehe ich in den Flur und öffne den Schrank meines Großvaters. Mantel für Mantel geh ich die Taschen durch. Viel Leere. Bis ich Papier fühle. Eine Papierrolle. Eine Geldrolle. Geil.

Ich nehme sie raus und sehe lauter 50 Euro Scheine. Ach, einen kann ich mir ja nehmen. Kurz denke ich: Was kann der Opa eigentlich dafür? Doch! Klar! Der hat ja am allermeisten was damit zu tun, weil er die Teufel in sich trug, bis er sie meiner armen Oma Aphrodite reinschoss. Es war sein Sperma.

Alter, dafür nehme ich locker noch zwei Fuffis. Scheiß auf Rente. Als Nachspeise gehe ich an seinen Medikamentenschrank und nehme mir zwei bis drei Diazepam raus, um mein schlechtes Gewissen zu betäuben.

Ich gehe leise raus. Es klimpert. Ich fahre ins Zentrum Athens. Monastiraki, Psiri. Rauche auf der Straße und kaufe mir Schmuck. Sooo schönen Schmuck! Einen goldenen Oberarmreifen. Ich bin die Göttin heute Nacht. Das habe ich mir richtig verdient. Das habe ich gut gemacht. Ich sitze auf dem Bürgersteig an der Plaka mit Blick auf den

Parthenon, Akropolis. Nicht nur Gott, sondern Götter sind die Zeugen meiner kleinkriminellen Handlungen. Und keiner von den süßen Göttis war sauer auf mich. Sie haben alle stolz und verständnisvoll genickt und mir auf die Schulter geklopft.

Ich renne durch Athen in meinem neuen, bodenlangen, dunkelroten Kleid, das ich mit meinem geklauten Geld gekauft habe. Ich fliege unter der Akropolis entlang, und es trägt mich mein dunkelrotes Kleid. So schön erträglich, und ich bin das Ordnungsamt mit meinem goldenen Oberarmreifen. Mein neu gekauftes, dunkelrotes Kleid, gekauft von meinem Geld. Das ist mein Kleid von meinem Geld.

Dinopower

Mit 32 fand ich den Mann, mit dem ich zusammen bleiben wollte. Roter Bart. Seine Augen waren umrahmt von goldenen Wimpern. Ich wollte mit diesem Mann alt werden. Es war mir egal, was war, was noch kommt und wovor man sich fürchten muss.

Dieser Mann war außergewöhnlich. Und wenn er sprach, konnte ich meine Knochen spüren. Ja, ich weiß, dass man eigentlich seine Knochen nicht spürt, aber lasst es mich doch bitte jetzt so schreiben. Das passt einfach. Okay, dann schreibe ich besser: Er ließ meine steinharten Knochen weich werden. Nee, klingt auch komisch. Er war das schönste und sinnigste Erdbeben, das ich je erlebte. Klingt das komisch? Man, er berührte einfach meine Seele zutiefst. Wenn er lachte, lachte alles, und wenn er erzählte, verstand ich seine Sprache.

Unser erstes Date war in der Psychiatrie, in der er sich gerade befand, weil er in eine Psychose gerutscht war. Alkohol, Drogen, jahrelanger Stress und eine Trennung hatten ihm dem Rest gegeben. Er war, nachdem sich seine Freundin von ihm getrennt hatte, in eine Psychose und in obsessives Verhalten gerutscht und befand sich in stationärer Therapie. Da gehst du gleich mal hin, dachte ich. Ab in die Psychiatrie zu dem außergewöhnlichen Mann.

Es dauerte nur wenige Sekunden, bis wir realisierten, dass wir uns wollten und liebten. Dass nach all den Abenteuern es jetzt an der Zeit war anzukommen. Zu Vertrauen und zu lachen. Gemeinsam zu lachen. Wenn meine Liebe in der Küche stand und Knoblauch schnitt, umarmte ich ihn von hinten und lehnte meinen Kopf an seinen Rücken. Mein Herzschlag pulsierte auf seinem Rücken.

Ich realisierte während dieser Beziehung, dass ich Ängste entwickelte, dass er noch Liebesgefühle für seine Exfreundin empfinden könnte. Dass die Obsession und die Hingabe, mit der er sie verließ, dass davon Spuren geblieben sind und er sie heimlich vermisste.

Obwohl er vollkommen bei mir war, hatte ich diese Angst. Obwohl ich sogar selbstsicher war und zufrieden mit mir war, hatte ich diese belastende Angst, dass er mich emotional betrügt. Und ich rede nicht von Gedanken und Erinnerungen, sondern ich rede vom Dämon der Obsession. Ich wusste ja schließlich, was das bedeutet. Wenn mich dieses Gefühl überkam, krampfte sich mein Körper zusammen. Ich hatte das Gefühl, dass ich kotzen wollte und stellte mir vor, wie er von ihr träumte und sie noch heimlich begehrte...

In meinem Kopf war eigentlich alles klar und geordnet, und doch war etwas in mir. Wie eine Zecke, die mich belästigte. Eine Zecke, die so tat, als wäre sie ein Instinkt der Wahrheit, die mir aber langsam, aber sicher die Kraft nahm und die Momente mit meinem Lieblingsmann erschwerte. Dieses Gefühl der Verlustangst war wie ein Fremdkörper, der nicht zu mir gehörte.

Ich versuchte zu verstehen, was das war. Woher das kam. Ich versuchte mich zu erinnern. Denn Instinkt war es nicht. Meinem Instinkt konnte ich immer vertrauen. Und mein Instinkt wurde auch immer sehr schnell Realität. Aber hier war was Anderes, und das tat weh. Und vor allem wollte ich meinem Lieblingsmann nicht mehr damit verletzen.

Es dauerte lange, bis ich dieses Rätsel entschlüsseln konnte. Und eines Tages. So wie immer. Eines Tages kam es anders.

Ich lief über den Bremer Marktplatz und sah eine Pfütze. Eine Bremer Pfütze. Nichts Besonderes.

Doch irgendeine Gehirnzelle fühlte sich angesprochen und erinnerte mich daran, wie ich einst als Kind, als ich gerade frisch in Deutschland war, mit zirka sieben Jahren, in eine Pfütze fiel. Ich fiel nicht hin, sondern ich rutschte aus und badete drin. Das Verletzende daran war, dass ich eine neu geschenkte Jacke anhatte. Eine rosa Jacke mit zwei weißen Tauben darauf. Zwei Tauben, die sich liebten. Ich hatte sie das erste Mal an, und nach wenigen Minuten auf dem Bremer Marktplatz rutschte ich vor dem Bremer Roland aus und lag dort. Mit den Tauben, die sich liebten, im Schlamm und die Tauben wurden dreckig. Nicht mehr wegzuwaschen dieser Schmutz. Ich erinnerte mich, dass wir an dem Abend nach Hause gingen und mein Bruder und ich irgendein Familienbrettspiel zu zweit spielten. Es war bestimmt ein Spiel, welches man eigentlich nur zu viert spielen konnte, doch mein Bruder und ich schufen neue Spielregeln, und so konnte jedes Spiel gespielt werden. Plötzlich hörten wir unsere Mama winseln. Wir sprangen auf und sahen nach. Meine Mama lag weinend auf dem Sofa, und mein Vater saß mit dem Blick nach unten gegenüber auf dem Sessel.

„Euer Vater hat eine neue Frau“, weinte sie.

„Nicht vor den Kindern, bitte!“

„Ich muss das unseren Kindern sagen, dass sie bald keinen Vater mehr haben“, wimmerte sie.

„Euer Vater hat eine neue Frau und die heißt Gudrun und das geht jetzt schon länger so.“

„Ich bitte dich, nicht vor den Kindern!“, versuchte mein Vater sie zu bremsen.

Mein Bruder und ich spielten Tennis mit unseren Blicken. Ein Blick zu Mama, ein Blick zu Papa. Es schien uns alles sehr unreal. Was reden die da?

„Er liebt sie mehr als mich, und er schläft mit ihr in einem Bett. Er wird uns verlassen für sie. Euer Vater verlässt uns für eine Schlampe namens Gudrun.“

Mein Vater packte seine Jacke und rannte raus.

Meine Mutter winselte weiter. Mein Bruder und ich versuchten, sie zu trösten, auch wenn wir nicht ganz verstanden, was gerade vorgefallen war.

War es vielleicht meine Schuld, weil ich in die Pfütze gefallen war und die Tauben schmutzig gemacht hatte? Die Tauben, die sich liebten? Es war bestimmt meine Schuld, denn mein Papa liebt mich und er würde uns nie wegen einer anderen Frau verlassen. Es muss die Pfütze gewesen sein. Denn als ich in die Pfütze fiel, fingen meine Eltern an, sich zu streiten! Ich war es also! Ich hatte Schuld. Jetzt machte alles Sinn für mich.

„Jetzt ist er bestimmt bei Gudrun, Kinder! Er wird nicht wieder kommen."

Ich fing an, vor Verunsicherung zu weinen.

„Papa geht nicht weg, Papa kommt wieder. Du lügst, Mama. Papa kommt wieder. Papa kommt gleich wieder! Versprochen! Mama, hör auf zu lügen. Ich lauf ihm hinterher! Ich hol Papa wieder nach Hause!"

Mein Bruder nahm mich in den Arm. Draußen war es eiskalt und finster.

„Mein Sohn, du schreibst ihm einen Brief, mein Sohn, und du schreibst ihm wie ein richtiger Mann, der seine Mutter verteidigt."

Mein Bruder war zu dem Zeitpunkt zehn Jahre alt.

„Ich diktiere, du schreibst!"

Mein Bruder holte unser Malpapier und einen alten Kugelschreiber meines Vaters:

„Schreib auf: Wenn du..."

Mein Bruder sprach nach und schrieb:

„Wenn du..."

„Wenn du zur Scheiß-Gudrun gehst..."

„Wenn du zur Scheiß-Gudrun gehst..."

„Wenn du zur Scheiß-Gudrun gehst, dann bist du…"

„... dann bist du..."

„… dann bist du nicht mehr mein Vater!"

„... nicht mehr mein Vater!"

„Und schreib noch: So gehst du nicht mit meiner Mutter um!“

„So…gehst du... nicht... mit... mit meiner Mama... um. Punkt.“

„Sehr gut, mein Sohn!“

„Ich hab noch eine Idee, Mama.“ sagte mein Bruder. Er zeichnete zwei Kästchen:

„Wir oder Gudrun“.

Wir saßen zu dritt auf der Couch, und die Uhr tickte.

Es war um Mitternacht, und Mama war winselnd eingeschlafen. Kurz bevor ich neben meiner Mutter einschlief, weckte mich die Stimme meines Bruders:

„Erika, komm, schau mal, was ich gemacht hab.“

Mein Bruder deutete auf unsere Schlafecke.

Er hatte eine Höhle gebaut. Er flüsterte:

„Wir sind jetzt zwei Dinos. Wir sind zwei Babydinos, die sich verlaufen und ihre Eltern verloren haben.“

„Aber Erikababy hat Hunger.“

Mein Bruder nahm das restliche Pumpernickel-Brot, welches auf dem Tisch lag.

„Komm kleines Dinobaby, hier ist Steinzeitbrot, lecker lecker.“

„Miam miam, das schmeckt lecker. Lecker Steinzeitbrot. Aber wo sind unsere Dinoeltern? Dinobabies kalt sein.“

„Die holen noch ganz viel Futter für uns und sind gleich da.“

Mein Bruder fing an, rumzuwuseln. Er nahm die mittlerweile getrocknete rosa Taubenjacke und stopfte sie mit Kissen voll.

„Guck mal, Erikadino! Papadino ist wieder da!“

Ich nahm den Rosajackenpapadino entgegen und freute mich.

„Mein Dinopapa! Ich wusste, dass du wieder kommst!“

Ich legte mich in seine Arme und ließ mich vom Schmutz nicht irritieren.

„Ich hab auch was für dich, Brudi."

Ich schnappte mir eine Vase vom Wohnzimmertisch. Eine große, dunkelrote, wohlgeformte leere Vase.

„Guck mal, Dinobrudi, Mamadino ist auch wieder da!"

Es war einmal eine Mücke, die zu ihrer Mama und ihrem Papa flog und erzählte, dass sie zwei Menschenkinder sah, die auf dem Boden schliefen. Das Mädchen lag auf einer dreckigen Jacke und der Junge neben ihr umarmte eine Vase. Happy End.

Was ich das erste Mal konnte, mit diesem neuen Mann, war, dass ich nicht bei jedem Streit auf die Straße rannte vor Angst. Ich konnte sagen, was ich fühle, ohne die Angst zu haben, verlassen zu werden. Dieser Mann sah und umarmte das kleine Kind in mir. Jedes Alter meines Wesens liebte diesen Mann in jedem Alter seines Seins.

„Ich bin noch nie so weich gefallen. Wir haben uns schon geliebt, weit bevor wir uns sahen. Dass so etwas noch passiert, hätte ich nie gedacht. Ich habe dich gefragt und du hast ja gesagt."

Zwillingsseelen – FloMega.

Bett nässen

9 Jahre alt.

Augen auf.

Blick auf die Uhr.

04:00.

Todesangst.

Über mehrere Jahre hinweg klingelte der Wecker meiner inneren Asservatenkammer jede Nacht um 04:00.

Das Wort Asservatenkammer hatte ich in einem Hörspiel gelernt, in dem es um Detektive ging: In einer Asservatenkammer werden die Spuren einer Straftat oder eines Verbrechens gelagert. Meine Spuren, die meinen inneren Wecker klingeln lassen, entstanden in einer Nacht, in der ich mit meinem Brudi und meiner Mama auf einer Matratze schlief.

Mein Vater war zu diesem Zeitpunkt in der Entzugsklinik. Ein lautes Krachen weckte mich.

Augen auf.

Blick auf die Uhr: 04:00.

Neben mir lagen, tief schlafend, Brudi und meine Mutter. Der Geruch von Alkohol, Nikotin und Zahnpasta lag in der Luft. Die Balkontür im Wohnzimmer nebenan krachte, und ich hörte leise Schritte in der Wohnung. Es war jemand eingebrochen. Es musste ein Mann sein, denn er hustete öfters, und es hörte sich nach einer alten kranken Lunge an. Er lief leise durch die Wohnung und schien nach etwas zu suchen. Er kam unserem Zimmer näher, und ich erstarrte. Ich konnte nicht mal meinen Kopf heben, nicht meinen kleinen Finger bewegen. Ich war wortwörtlich in Schockstarre. Im Griechischen gibt es den Begriff „Mora“.

Das ist ein Glaube an einen Dämon, der dich im Schlaf packt und in eine temporäre Lähmung versetzt, während du bei vollem Bewusstsein bist.

Neben mir atmeten Brudi und Mama tief.

Sie hatten nichts von dem Lärm mitbekommen.

Der Typ schlich von Zimmer zu Zimmer.

Er kam näher und näher, und ich hörte seinen Atem.

Ich wusste als Klein-Erika, dass ich, wenn ich jetzt die Augen offenlassen und ihn vor mir sehen würde, diesen Einbrecher nie wieder in meinem Leben vergessen könnte.

Deshalb hielt ich meine Luft an, kniff meine Augen zu und spürte wenige Augenblicke später die Blicke des Einbrechers auf mir.

Er schaute. Er schaute uns an.

Er ging wieder raus und ging zu dem Kabuff unserer Wohnung.

Er machte die Tür auf, und es polterten ihm die Sachen entgegen, die einst da reingequetscht worden waren.

Tür auf, Schrott rein. Aus den Augen, aus dem Sinn.

Er lief wieder ins Wohnzimmer und öffnete wieder die Balkontür.

„Jetzt wird er endlich gehen", dachte ich.

Stattdessen hörte ich, wie er mit einem starken Strahl auf den Balkon urinierte.

Statt vom Balkon zu springen, bewegte er sich wieder zurück in unsere Wohnung und legte sich aufs Sofa.

Nach ein paar Minuten fing er an zu schnarchen.

Ich konnte mich nicht bewegen und bemerkte, dass ich immer noch meine Luft anhielt.

Mit all meiner Kraft eines zwölfjährigen Grundschulmädchens erhob ich meine Hand, um meinen Brudi anzutippen.

„Brudi", flüsterte ich.

Es kostete Kraft. Brudi merkte nichts.

„Brudi!", versuchte ich es erneut.

Er schlief tief. Ich musste noch mehr Kraft aufwenden, um an meine Mutter zu kommen.

„Mama", flüsterte ich.

„Mama, bitte wach auf."

Sie fing an, sich langsam zu bewegen.

„Was ist?"

„Mama, nicht so laut, du musst flüstern."

„Was willst du?"

„Mama, in unserer Wohnung ist ein Einbrecher!"

„Τι λές ρε!"

„Doch Mama, hier ist ein Mann in der Wohnung, der auf den Balkon gepinkelt hat!"

„Ach man, Erika. Schlaf weiter, das ist Erwin Noack, den hab ich hier schlafen lassen, weil seine Heizung kaputt ist. Schlaf weiter jetzt und sei ruhig."

Eine paradiesische Erleichterung durchfuhr meinen Körper.

Es war nur Erwin.

Der liebe Erwin Noack.

Er war ein Freund meiner Eltern, der in einer Bude in einem kleinen Souterrainzimmer wohnte, wo er sein Atelier hatte.

Hätte ich bloß meine Augen aufgelassen. Dann wär mir der Schreck nicht durch Mark und Bein gegangen.

Ich lag auf dieser Matratze und war so glücklich, dass uns kein Einbrecher ermordet hatte. Was hätte er denn überhaupt mitgenommen?

Ein Einbrecher käme doch nicht auf die Idee, in Sozialwohnungen einzubrechen.

Aber für mich waren es keine Sozialwohnungen.

Ich fragte mich später oft, was besser ist: Von einer Asibude auf eine Villa zu schauen oder von der Villa aus auf die Asibuden zu schauen.

Außerdem waren es keine Asibuden.

Es war unser Zuhause.

Außerdem war Erwin Noack ein Mann, den ich sehr liebhatte. Er war für die Gesellschaft alt, arm und arbeitslos. Für mich war er ein alter, niedlicher Opi. Erwin der Maler halt. Erwin, der mir das erste Mal erzählte, was Kunst ist: „Erika, nichts hat einen Sinn, bis du ihm einen Sinn gibst."

Das machte Sinn für mich. Außerdem ließ er mich immer mit seinen Ölfarben in seinem Atelier malen.

Dass ich eines Tages denken würde, dass dieser Mann in meinem Kopf zum Einbrecher wird, hätte ich mir nicht träumen lassen. Statt zu träumen, schreckte ich trotzdem die nächsten zwei Jahre jede Nacht um Punkt 04:00 auf und hatte Panik und Todesängste.

Meine Eltern waren mittlerweile genervt und spulten immer die gleiche Platte ab:

„Hier ist niemand, geh schlafen jetzt, Erika!"

Ich hatte solche Angst, dass ich mich sogar zu meiner Mutter ins Bett legte, obwohl es dort nach kaltem Aschenbecher, Alkohol und Zahnpasta roch.

Dieser Geruch wiegte mich dann wieder in den Schlaf. Irgendwann fing ich an, ins Bett zu machen.

Fast jede Nacht wachte ich von meiner eigenen Nässe auf. Das war widerlich. Es war warm, doch es wurde sehr schnell wieder kalt. An den Geruch hatte ich mich längst gewöhnt, und ich fragte mich, was schlimmer war: Der Geruch von Mama oder meine Pipimatratze.

Mich faszinierten Matratzen auf der Straße. Bei dem Anblick einer liegenden Matratze auf der Straße dachte ich: Wie viele Matratzen hast du schon auf der Straße liegen sehen? Wie viele hast du selbst schon entsorgt und wo?

Angelehnt an eine Wand oder an einen Baum.

Ich denke jedes Mal darüber nach, dass eine Matratze mit das Intimste in einem Haus ist, wenn man das Glück hat, ein solches zu haben.

Doch selbst wenn man kein Haus hat, braucht man eine Matratze. Wir funktionieren nur, weil wir eine Matratze haben. Und sei es eine selbst kreierte Matratze.

Wir verbringen fast unser halbes Leben auf einer Matratze. Diverse Körperflüssigkeiten befinden sich auf einer Matratze. Und nur die Matratze weiß, was wir während des Schlafes getan haben. Und da liegt sie nun.

Auf der Straße.

Im Kalten.

Oder im Heißen.

Nackt. Neben Müll oder einsam und allein.

Wer nimmt die dann eigentlich mit? Ich überlege oft, wie man die Matratze mehr würdigen könnte, bevor man sie entsorgt. Sie trägt und erträgt uns so lange, und dann fliegt sie einfach raus. Oder hast du dich schon mal freundlich von deiner alten Matratze verabschiedet? Der Friedhof der Matratzen.

Die Anbetung der Matratze.

Der Altar der Matratzen.

Gebet im Bett, und ich betete irgendwann so doll damals, um nicht wieder mit Todesangst in der Nacht aufzuwachen.

Ich konnte mich morgens in der Schule nicht mehr konzentrieren.

Auf meiner Matratze lagen die Spuren jahrelanger Todesangst.

Nach einiger Zeit nahm mich mein Papa mit zum Arzt. Ich schämte mich so sehr dafür, immer noch das Bett zu nässen.

Ich konnte mich viel mehr mit einem Neugeborenen identifizieren als mit meinen Grundschulfreundinnen, die schon einen Freund hatten.

„Meine Tochter hatte vor zwei Jahren eine furchtbare Nacht. Ich denke, das war so etwas wie ein Trauma für sie. Sie dachte, dass ein Einbrecher in unserem Haus war, dabei war es ein obdachloser Freund von uns. Der hatte nur die Toilette in der Nacht gesucht, und Erika dachte wohl, dass sie in der Nacht sterben wird oder so. Auf jeden Fall wacht sie seitdem fast jede Nacht um 04:00 Uhr morgens auf und zittert und nässt auch das Bett."

Ich saß daneben und schämte mich.

Die Ärztin mit der roten Kurzhaarfrisur und den schmalsten Lippen dieser Erde musterte mich.

Ihre Brillenkette schaukelte hin und her.

„Ich sehe hier ein ganz anderes Problem“, sagte sie.

„Was denn?“, sagte mein Vater

„Die schielt!“

Ich fing an zu weinen und stand auf.

Ich hatte schon mal als Kind eine Operation an den Augen, da ich auf beiden Augen extrem schielte.

Ich schielte nach wie vor, aber nicht mehr ganz so doll.

In der Schule wurde ich allerdings dafür gehänselt, und sie traf damit genau meinen wunden Punkt. Ich ging also wund von der Ärztin mit meinem Papa wieder nach Hause.

Für die nächsten Jahre traute ich mich nicht, Menschen in die Augen zu sehen, aus Angst, dass jemand mein so hässliches Schielen sehen könnte.

Damit mich keiner hänselte, schaute ich also immer neben die Person oder durch die Person. Mein Vater versuchte es immer wieder:

„Meine Tochter, das ist so süß, dein Schielen, das sieht man doch kaum! Das macht dich so besonders, und man erkennt dich dadurch sofort wieder!“

Ich kehrte in mich und tröstete mich mit Musik.

Ich hatte durch meinen Bruder 2Pac entdeckt und hörte über mehrere Monate jeden Tag den gleichen Song. „Keep ya head up“, in Dauerschleife.

2Pac tröstete mich jeden Tag. Ich lag auf dem Boden, umarmte meinen CD-Player, sodass ich den Bass an der Brust spürte. Leise sang ich mit:

„Keep ya head up, child Things are gonna get easier Keep ya head up, child Things'll get brighter Keep ya head up, child Things are gonna get easier Keep ya head up, child Things'll get brighter...”

Ich weiß nicht, was ich damals ohne 2 Pac gemacht hätte. Allerdings musste ich 2Pac immer heimlich hören, weil einige Freundinnen von mir das uncool fanden.

Es war die Zeit, in der die Backstreet Boys am Popsternenhimmel funkelten. In meinem Zimmer hingen die Backstreet Boys, Jennifer Lopez und Blümchen-Poster.

Doch auf meiner Nachtkommode war eine Postkarte von 2Pac, der mich im Schlaf beschützte und mir auch jedes Bettnässen verzieh.

Als die Backstreet Boys nach Bremen kamen, war meine Freude groß, doch im selben Moment wusste ich, dass meine Eltern sich das nicht leisten konnten, mir eine Konzertkarte zu kaufen.

Natürlich gingen alle meine Mitschülerinnen hin.

Am meisten verletzte mich die Tatsache, dass am nächsten Tag alle in der Schule über das Konzert sprechen würden.

„Nick Carter sah so süß aus und Kevin ist voll groß!"

„Ich fand A. J. am coolsten und Brian hat einfach die beste Stimme."

„Ja, aber Howie ist auch voll süß, und der kriegt immer so wenig Aufmerksamkeit, das finde ich voll gemein." Schnatterte es über den Grundschulhof. „Ich war auch da", hörte ich mich lügen.

„Hä? Ich denk, deine Eltern haben kein Geld?"

„Ja, ich hatte auch kein Ticket, aber ich hab sie von draußen gesehen."

„Hä, was redet sie da?"

„Ich hab durch so eine blaue Plane gelugt und hab die ein bisschen von hinter der Bühne gesehen."

„Erika, was sagst du da?" Meine Lehrerin nahm mich beiseite.

„Erika, warum lügst du deine Mitschülerinnen an?"

„Aber ich lüge sie nicht an, Frau Adler, ich war gestern wirklich in der Stadthalle und hab durch die Plane geguckt. Ich hab nur ‚Don't play games with my heart' gesehen und bin dann wieder nach Hause."

„Erika, Lügen ist keine schöne Sache, und wenn du traurig bist, dass du nicht da warst, dann können wir gerne darüber reden, aber es ist nicht gut zu lügen."

Ich ging nach Hause und machte mir „Keep ya head up" von 2pac an.

Mein CD-Player.

Meine gebrannte CD. Keep ya head up.

Es fing an zu regnen, und der einzige Grund, warum ich das liebte, war, dass ich das Fenster auf Kipp machen konnte, um dem Regen zu lauschen. Ich hörte den Regen und freute mich, drin zu sein.

Ich hatte so ein Glück, dachte ich.

Der Regen signalisierte mir immer, dass ich in Sicherheit war. In meinem Teeniekopf konnte mich die Idee trösten, dass ich jetzt auch alleine im Kalten auf der Straße leben könnte, ohne Zuhause.

Die Kälte, die durch das Fenster kam, erinnerte mich daran, dass ich eine Matratze hatte.

Eine Decke und meine Kuscheltiere, für die ich eigentlich schon längst zu alt war.

Alle meine Freundinnen hatten schon einen Freund und hatten mindestens schon einmal einen Zungenkuss gehabt.

Ich hatte dafür viele Kuscheltiere, war noch immer Bettnässerin und log mir glaubwürdig selbst vor, dass ich schon mal auf einem Backstreet Boys Konzert gewesen war. Außerdem war bei mir um 04:00 Party, da schliefen die anderen Mädchen noch tief und fest in ihren teuren Daunenbettdecken. Morgens würden sie dann mit ihren normalen Eltern am Frühstückstisch sitzen und davon erzählen, dass sie später noch mit dem Auto ins Möbelhaus fahren würden, um einen neuen Stoff für das Himmelbett zu besorgen, und ein Paar neue Schuhe kaufen.

Auf dem Rückweg würden sie im Auto laut Musik hören und sich über die bettelnden Menschen auf der

Straße aufregen, die sie daran erinnerten, dass es ihnen gut ging.

Am Abend würden sie gemütlich bei Kerzenschein gemeinsam essen und spätestens um 19:00 Uhr im Bett liegen, nachdem man gemeinsam eine Gutenachtgeschichte gelesen hatte.

Die Menschen konnten nichts für ihr Glück.

Ich würde vielleicht mit meiner Mutter vor dem Fernseher rauchen, Bier trinken, mir anhören, wie schlecht mein Vater sie behandelte. Mich dann angetrunken auf meine Matratze legen und auf eine wilde Nacht freuen, wenn es wieder hieß:

04:00.

Augen auf.

Blick auf die Uhr.

Todesangst.

Läuse fliegen

1999.

Sommer in Athen.

Heiß.

Verschwitzt aufwachen.

Ventilator anmachen.

Davorstellen und was summen.

Mittags die gefüllten Paprika von meiner Jiajia-Oma essen mit frischem Feta.

Die braunen Schiebefenster zuziehen und Siesta machen.

Auf den Abend warten, damit man auf der Straße wieder mit den Nachbarskindern spielen kann. Vor aggressiven Straßenhunden wegrennen, ein Eis beim Periptero holen und bis kurz vor Mitternacht die einigermaßen abgekühlte Luft genießen.

Meine besten Freunde waren zu dem Zeitpunkt die Kinder der benachbarten Romafamilie: Panagiota, Nektaria, Lefteris und Konstantina.

Die Mutter mit einem einzigen Zahn im Mund, der aus Gold war, und der Vater mit mehreren goldenen Zähnen. Sie wohnten in einer improvisiert erbauten Hütte gegenüber. Im Haus lief immer laut Musik, und das Zwei-Zimmer-Haus war immer voll mit Besuch. Allerdings war mein Besuch immer geheim, denn es herrschte das Vorurteil, dass diese, wie viele andere Romafamilien, Läuse hätten und dreckig waren.

Es war verpönt, mit ihnen Zeit zu verbringen und meine Jiajia-Oma pfiff mich immer rüber, wenn sie sah, dass ich mich Richtung Hütte aufmachte.

„Komm sofort rüber! Du hast da nichts zu suchen!"" Sie machte fauchende Geräusche, wenn ich ihr nicht gehorchte. So, als würde sie eine Katze anfauchen.

Straßenkatzen waren ja schließlich auch dreckig und hatten Läuse. So wahrscheinlich ihre Denke.

„Pcht! Pcht!"

Ich ignorierte sie erfolgreich und betrat meinen Lieblingspalast der Straße.

Hier waren die Menschen freundlich und lachten.

Hier war Herz.

Wir aßen zusammen frisch gepflückte Granatäpfel, die während des Schälens meine viel zu dicke Schielbrille vollspritzten.

Wir hörten griechische Romamusik und tanzten.

Ich erfuhr, dass „Balamos" „der weiße Mensch, alle Nicht-Roma" hieß und dass „Magava tout" „Ich liebe dich" heißt.

Nach den Besuchen gab es wie gewohnt Ärger von meiner Jiajia und meiner Tante. Das ich mir andere Freunde suchen solle. Maria von nebenan sei doch ein nettes Mädchen. Nachdem mir der Kopf nach Läusen durchsucht worden war, war endlich Ruhe.

Die Wahrheit ist, dass ich tatsächlich einmal Läuse hatte und mir meine langen Haare kurz geschnitten werden mussten. Meine Kurzhaarfrisur hinderte mich aber nicht daran, meine Lieblingsfamilie weiter zu besuchen.

Mit meiner eigenen Familie sollte es bald wieder nach Deutschland gehen. Mit dem Flugzeug.

Die Abschiede von meiner griechischen Familie waren immer sehr dramatisch und schmerzhaft.

Man wusste nicht, wann man sich wiedersehen würde.

„Wir müssen zu Gate 2, und wir haben einen Zwischenstopp in Wien."

Mein Papa hatte sich einen Flug über Amsterdam gebucht, weil dieser günstiger war. Mama, mein Bruder und ich flogen also zuerst und eine Stunde später würde Papa losfliegen. Vor Abflug fing meine Mama immer an, sich zu bekreuzigen und zu beten.

Nicht, dass sie sonst gläubig gewesen wäre wie der Rest der Familie, doch in ihrem Kopf war sie in diesem Moment lieber gläubig als später Opfer eines Flugzeugabsturzes.

Ich betete mit, und mein Bruder, Mama und ich hielten immer fest Händchen beim Ab- und Anflug.

Wenn es zwischendurch wackelte, hielten wir uns wieder reflexartig fest.

Erfolgreich in Wien angekommen, liefen wir durch die Halle zum nächsten Gate, um den Flieger nach Bremen zu bekommen. Auf großen Bildschirmen sahen wir plötzlich die Akropolis.

„Athen, 5,9 Richter, schweres Erdbeben um 12:30."

Wir schauten auf unsere Boarding Karten.

12:20 Abflug aus Athen.

Wir waren kurz vor dem Erdbeben losgeflogen.

Auf den Bildschirmen sahen wir Trümmer und rennende Menschen.

„Ist Papa noch da?"

„Δέν ξερω παιδιά. Πρέπει να πάρουμε αμέσως τή Γιαγιά τηλέφωνο"

Nächste Telefonzelle. 0030 für Griechenland. 210 für Athen. Jiajias Telefonnummer. Tuten. Nochmal wählen.

Wieder tuten.

Es tutete die ganze Zeit.

Kein Durchkommen.

„Mama, wir verpassen den Flieger, wir müssen weiter."

Im Flieger nach Bremen bekreuzigte sich Mama durchgehend und weinte. Mein Bruder und ich weinten auch. Wir wussten nicht, was mit Papa war. Was mit dem Haus in Athen war und ob die Hütte meiner Romafamilie noch steht? In Bremen angekommen, waren wir für die nächsten Stunden nur am Festnetz und tuteten uns durch die Nacht.

Mein Herzschlag hatte bereits den Rhythmus des Tutens angenommen.

Irgendwann in der Nacht klingelte es.

„Papa?"

„Flughafen Bremen, Ihre Koffer befinden sich in unserer Obhut. Sie wurden hier nicht abgeholt."

Vor lauter Schock hatten wir unsere Koffer vergessen.

In dem Moment war es egal, ob und was wir besaßen.

Was will ich mit einem Koffer, wenn ich keinen Papa mehr hab?

Wir wollten einfach nach Hause.

Am Morgen klingelte es erneut.

„Papa?"

„Meine Erika, ich bin in Amsterdam, ich bin in einem Hotel untergebracht. Ich bin in der Telefonzelle, und der Flieger geht gleich. Ich war in der Flughalle, als das Erdbeben in Athen losging und alle dachten, dass ein Flugzeug in die Halle einstürzt. Mir geht es gut, ich bin in fünf Stunden zu Hause. Ich liebe euch."

Wir bekreuzigten uns alle nochmal.

Gott sei Dank.

Jetzt musste nur noch die Familie in Athen sicher sein.

Gegen Mittag klingelte es erneut.

„Uns geht es gut! Macht euch keine Sorgen! Wir müssen die nächsten Tage auf der Platia in Zelten schlafen. Unsere Region hat es nicht so hart erwischt."

„Jiajia, was macht die Hütte gegenüber von meinen Freunden?"

„Ach, Erika, was kann da denn noch zusammenstürzen? Das sind doch schon immer Zelte gewesen!"

Sie hatte recht. Und ich begriff, wie schlau meine Lieblingsfamilie war. Sie waren immer bereit für Erdbeben, und nichts konnte sie erschüttern.

2000

Millenium.

Die Computer waren nicht abgestützt.

Alles war okay.

Wir hatten den angeblichen, vorhergesehenen Armageddon überlebt.

Mit meinem Papa sollte es zu einem Besuch nach Athen gehen. Ich war mir gar nicht mehr sicher, ob ich Besuchte oder Besuchende war. Ich war in Athen die Deutsche und in Bremen die Griechin. Halb und halb macht eins. Es war wieder eine Phase, in der Papa viel trank.

Er hatte mir versprochen, während der Reise nichts zu trinken.

„Ich nehme nur die Flasche Cola mit, Erika, versprochen."

„Okay, mein Dadflat."

Ich roch den Alkohol aus Papas Mund und dachte mir, dass es noch vom Vortag ist.

Ich konnte immer gut unterscheiden, ob Papa am Vortag Schnaps oder Bier getrunken hatte.

Die Bierfahne war deutlich unangenehmer als die Schnapsfahne.

Am schlimmsten war es, wenn er am Vorabend Zwiebel oder Knoblauch gegessen hatte.

Dann war sein Mundgeruch nicht zu ertragen.

In der Wartehalle bekam ich Durst.

Die Literflasche Cola war noch halbvoll.

„Erika, ich hol dir was anderes zu trinken. Die ist doch schon abgestanden."

Ich drehte die Flasche auf und setzte an.

„Papa! Da ist Alkohol drin! Da ist Whiskey drin! Ich rieche das! Du hast mich angelogen!"

„Erika, es ist kompliziert. Ich muss einen Pegel halten, damit ich nicht anfange zu zittern."

„Jetzt bin ich aber am Zittern. Papa, ich hasse dich grad unendlich."

Schweigend sah er zu Boden.

„Would you like some Coffe or Tea?"

„Do you have Schnaps?"

Ich verdrehte die Augen und schaute in den Katalog mit den Duty-free-Produkten.

Ich stellte mir vor, wie das Parfum wohl riechen würde, das der gelackte Mann im Magazin trug.

Während ich eine Mischung von Zeitung, Leder, Männerdüften und den Mundgeruch meines Vaters roch, fing es an zu wackeln.

Die Tische waren alle aufgeklappt, und die Teetassen fingen an zu klingeln. Das Wackeln wurde immer heftiger und Tee, Schnaps und Kaffee nässten unsere Schöße. Man hörte Kinder schreien.

Ich bekreuzigte mich und wurde wieder zur Teilzeitgläubigen.

Papa schlief neben mir und kippte mit dem Kopf auf den Klapptisch.

Letztes Jahr Erdbeben am Boden, dieses Jahr Erdbeben in der Luft.

„Bitte bleiben Sie ruhig, meine Damen und Herren! Die Turbulenzen werden in Kürze enden."

Die Turbulenzen werden in Kürze enden.

Darauf noch ein Kreuz.

Zwischenhalt Frankfurt.

„Papa, wir müssen raus. Papa, steh auf, bitte!"

Die Passagiere stiegen peu à peu aus, und ich bemerkte, dass wir mit zu den Letzten gehörten, die aussteigen mussten. Papa hatte seinen Pegel wohl überschritten.

Ich zog ihn hoch, und eine dick geschminkte Stewardess schüttelte den Kopf.

„Mister, you have to leave the plane now!"

„Jetzt steh endlich auf, Mann! Dadflat! Bitte!"

Wäre der Armageddon an Sylvester 2000 besser gewesen?

Ich zog ihn durch den Flieger, und in der Frankfurter Flughalle legte ich ihn erstmal auf die Bank.

Die körperliche Kraft, die ich plötzlich entwickelte, gab mir irgendwie Hoffnung.

Zum Glück hatten wir ein paar Stunden Aufenthalt, sodass er sich etwas nüchtern schlafen konnte.

„Steh auf jetzt! Es geht nach Athen!"

Ankommen in Athen. Aus dem Flieger steigen und die griechische Luft riechen. Die Hitze spüren und wissen, dass gleich meine Tante und meine Cousinen uns winkend empfangen und knutschen und umarmen.

„Ich muss in die Klinik. Ich werde sonst sterben. Ich spüre es dieses Mal. Ich brauche Hilfe!"

„Ja, Tante, bitte lass uns einfach sofort in die Klinik."

„Ach du Schreck. Wie siehst du denn schon wieder aus? Wie fahren jetzt nach Hause, und dann schauen wir, welche Klinik aufhat."

Meine Tante schüttelte den Kopf und machte „Ts ts ts". Aber es war ein griechisches „Ts ts ts"

Abfällig.

Eine Schande kommentierend.

„Erika, wir lassen ihn erst mal schlafen, und dann fahren wir ins Krankenhaus. Der muss jetzt einen Entzug machen, sonst stirbt er uns noch weg."

Am nächsten Morgen ging ich ihn wecken.

Kein Papa im Bett.

„Ist er vielleicht unten bei Jiajia essen?"

Auf dem Weg nach unten bemerkte ich, dass das Schnapsregal meiner Tante leer war.

„Hattest du nicht immer die Vitrine voll?“

„Ja klar, und unter der Vitrine ist deine Prika!“

Prika war ein Brauch. Die Aussteuer für das junge, noch unverheiratete Mädchen, die sie zur Hochzeit als Mitgift bekommt. Haushaltsgegenstände. Tischdecken. Bettbezüge. Schmuck und Kostbares.

„Du glaubst gar nicht, was ich schon alles zusammen hab, meine Erika.“

Stolz kam sie auf mich zu.

„Wenn du dann eine schöne Braut wirst, kannst du das alles haben.“

Ihr Blick schaute entsetzt auf die Vitrine.

„Das ist nicht sein Ernst, oder?“

Papa hatte den Schnaps mitgenommen, war auf die Terrasse gegangen und lag halbnackt in der prallen Sonne. Die Nachbarn trugen ihn runter.

„Wir gehen sofort ins Krankenhaus! Ich hasse dich, Papa!“

Im Auto auf dem Weg ins Krankenhaus fing er an zu winseln:

„Ich liebe dich so, meine Tochter. Ich sterbe. Ich spüre das. Ich schaff das nicht. Ich sterbe. Ich liebe dich, Erika.“

Ich schaute ihn an, und ab dann verlor ich die Kontrolle. Meine 13-jährigen Fäuste schlugen auf Papa ein, in einem weißen Peugeot auf griechischen Straßen.

„Halt die Schnauze, Papa! Halt einfach die Fresse! Du bist nicht mein Dadflat! Du hast mich angelogen und du tust mir weh! Du kannst mich nicht lieben! Lieben tut nicht weh. Verpiss dich mit deiner scheiß Liebe! Ich will diese Liebe nicht!“

Nach jedem Satz eine Faust auf Papa.

Mir tat am meisten weh, dass er nicht reagierte, sondern es war so, als würde ich auf einen kleinen Jungen einschlagen.

Aus Mitleid hörte ich auf.

Ich wollte meinen Vater vermöbeln, nicht einen Dreijährigen.

„Du solltest dich einfach schämen. Was bist du für ein Vater?", sagte leise meine Tante am Steuer.

In der Notaufnahme angekommen, umarmte ich Papa.

„Du schaffst das, Papa. Ich komme dich morgen schon wieder besuchen. Ich hab dich lieb, Papa."

Meine Tante steckte dem Arzt noch ein Fakelaki mit 100 € zu. Ohne Fakelaki ging gar nichts.

Er fing wieder an, kindlich zu weinen.

Ehe ich wieder sauer wurde, entschloss ich mich, mit meiner Tante den Dreijährigen zu verabschieden.

Er wurde auf einer Liege ins Krankenhaus gefahren.

In meinen Ohren hallte es nach:

„Die Turbulenzen werden in Kürze enden."

Die Turbulenzen werden in Kürze enden.

Teilzeitgläubig.

Deutsch-orthodox

Als meine Oma Aphrodite und ich uns in Ilion, Athen, der Kirche nähern, sie schon von weitem sehen, bekreuzigen wir uns. Ich führe den Daumen, den Zeige- und Mittelfinger zusammen, so, als würde ich etwas Salz übers Essen streuen wollen. Ich berühre meine Stirn mit den Salzfingern, meinen Solarplexus, Schulter rechts, Schulter links und lege anschließend meine Handfläche aufs Herz. Amin.

Ich bin acht Jahre alt, und es riecht nach Weihrauch. Wir betreten die Kirche. Vor uns eine Schlange von Frauen in langen, schwarzen Röcken mit kurzen, weißen Haaren. Meine Oma hat tiefe Falten im Gesicht und riecht nach Nivea-Creme. Sie trägt die Creme auf, wenn sie sich schick machen will, wie heute für die Kirche. Sie glänzt.

Ihre faltige Hand mit den kurzen Fingernägeln berührt meine kalte Kinderhand. Der goldene Ehering stranguliert ihren Ringfinger. Der kleine Finger muss dabei zusehen, wie der Mittelfinger auf den Ringfinger hinabschaut. Armer Finger. Der „Paramesos".

„Jetzt darfst du die Panajitsa küssen."

Ich schaue auf Mutter Maria mit dem Babyjesus im Arm. Ob sie wohl eine gute Mami war? Hat Jesus im Gegensatz zu mir Taschengeld bekommen? Wenn ja, was hat er sich wohl zuerst gekauft? Auf der Scheibe der Ikone sehe ich fettige Mundabrücke und Rückstände von Lippenstift. Kuss.

Mit den Salzfingern auf die Stirn, Solarplexus, Schulter rechts, Schulter links. Wir zünden eine Kerze an und stecken sie in den Sand des Kerzenrings. Alles ist Gold.

„Jetzt setzt du dich auf die linke Seite, Erika. Rechts sitzen die Männer. Nicht die Beine kreuzen."

Meine Oma flüstert und ist lieb. Ich liebe sie. Sie ist der kleinste, weichste Fels, den ich kenne. Die Ikonen und Heiligen schauen mich an und glänzen. Sie haben auch Nivea-Creme aus der Metalldose benutzt. Sie tragen keine Eheringe. Es klimpern die Münzen, die in die Spendenbox fallen. Die Heiligen kriegen heute viel Taschengeld.

„Mach dein Kreuz, Erika."

Ich realisiere, dass ich während des Singsangs des orthodoxen Priesters genau zuhören muss. Immer wenn er „Kyrie Eleison" sagt, muss man sich bekreuzigen.

„Ajios o Theos, Ajios ischiros, Ajios athanatos, Eleison imas."

Meine Oma küsst mich. Auf dem Weg nach draußen küssen wir noch die Hand des Priesters zum Abschied. Ich bin zwar klein, aber ich glaube, dass manche Omas in den Priester verliebt sind.

Danach bekomme ich einen gegrillten Maiskolben. Zuhause schwärmt meine Oma vor meiner Tante: „Die Erika hat sich so toll benommen in der Kirche. Sie hat die Ikone geküsst, saß ganz still da und hat sich am Ende noch den Segen vom Papst Pater Michalis geholt."

„Hab ich das?", frage ich.

Meine Tante reißt mich in ihre Arme.

„Βοήθεια σου, πουλάκι μου.

Gott schütze dich. Jesus sieht dich und behütet dich, egal, wo du bist, mein Mädchen. Ich bin stolz auf dich!"

Ich freue mich riesig, dass Jesus immer da ist. Wie cool! Alle freuen sich. Meine Cousinen auch. Mein Onkel. Mein Opa.

„Und Gott wird dich auch schützen, wenn du morgen nach Deutschland fliegst!"

„Tante Tea, ist Jesus auch im Flugzeug?"

„Na klar! Klar ist der im Flugzeug! Der fliegt quasi das Ding! Ohne ihn würde das Ding gar nicht starten!"

„Aber der Pilot fliegt doch."

„Ja, aber der wird ja auch von Jesus beschützt."

„Ist er dann in dem Moment nicht bei mir, sondern beim Piloten?“

„Der ist immer bei allen Menschen!“

„Das freut mich“, sage ich.

***

„Ladies and gentleman, welcome to flight number 877 from Athens to Frankfurt!“

Meine Mutter zu meiner Rechten drückt meine Hand ganz doll. Sie hat Angst. Die Augen fest geschlossen, bekreuzigt sie sich. Mein Bruder zu meiner Linken am Fenster. Ich bin der Ringfinger.

„Wo ist eigentlich Papa?“

„Erika, halt die Klappe und bete, dass wir nicht abstürzen!“

Mein Bruder beantwortet meine Frage:

„Papa ist doch bei Tante Hiltrud in Frankfurt, da besuchen wir ihn doch jetzt.“

„Das freut mich“, sage ich.

Wir fliegen. Wir schauen von oben auf das blaue Meer. Das Lufthansaessen schmeckt immer sehr lecker, es ist der einzige Moment, wo meine Mutter kurz keine Zeit hat, Angst zu haben und zu beten.

„Mama, hast du mir nicht mal gesagt, dass es Gott gar nicht gibt?“

„Ssssut, ess jetzt.“

Das Lämpchen mit der Zigarette erlischt, Mama holt ihre roten Winstons raus. Mein Bruder und ich bekommen Buntstifte und ein lächelndes Flugzeug zum Ausmalen. Ich blättere im Parfum-Magazin und träume davon, was ich mir später alles kaufen werde. Ich sehe mich als erwachsene Frau im Flieger sitzen, Perlen tragend, teuer duftend.

„Erika, guck mal, da sieht man wieder Land! Das heißt, wir landen gleich!“

„Das ist alles so grau-grün“, bemerke ich.

„Ladies and gentleman, welcome to Frankfurt Airport. Bitte denken Sie daran, Ihre Uhr eine Stunde nach hinten zu stellen!“

Meine Mama fängt an zu applaudieren. Mein Bruder und ich werden rot. Es ist peinlich. Hinter uns hören wir Deutsch: „Nur die Griechen machen das. Das ist einfach eine andere Kultur.“

Eine andere Deutsche schaut unsere Mutter skeptisch von der Seite an, aber Mama klatscht weiter.

„Mama, sind wir jetzt eine Stunde zurückgereist?“, frage ich.

„Erika! Hör auf, so dumme Fragen zu stellen, und beeil dich! Eure Tante Hiltrud wartet auf uns.“

„Aber Mama, wo ist die Stunde hin? Ist im Himmel keine Uhrzeit? Was für eine Uhrzeit ist im Himmel?“

„Kinder, beeilt euch jetzt, wir haben überhaupt keine Zeit!“

Keine Zeit für Fragen.

***

„Herzlich willkommen, meine Kinder! Wie war euer Flug?“, fragt unsere Tante Hiltrud, während sie uns beide umarmt.

„Teuer war der Flug, hat Mama gesagt, aber sie hat auch gesagt, dass du den Flug bezahlt hast, weil du viel mehr Geld hast als wir!“

Sie riecht nach Eternity von Calvin Klein.

„Das ist Gulasch, meine lieben Kinder. Guten Appetit!“

Ich liebe das deutsche Gulasch und das Haus meiner Tante. Es ist riesig, meine drei blonden Cousins und Cousinen haben Playmobil und die komplette Sammlung von der Sylvanian Family. Zum Frühstück gibt es alle Sorten von Kelloggs. Ich mische Coco Pops mit Smacks und nehme zum Abschluss noch Honey Loops.

Im großen Garten kann man schaukeln und rutschen und im Teich deutsche Frösche beobachten, während ein Collie-Hund aufgeregt herumrennt. Ich lerne das Wort „Kaulquappen“. Jedes Kind hat ein Zimmer und ein Pferd. Hier sind Hobbyräume und Schlagzeuge. Ein Kino unter dem Dach und ein Klavier im Wohnzimmer. Im Zimmer meiner Tante ist ein Solarium und in einem der Badezimmer stehen mehrere Flacons vor dem Spiegel, mindestens 40 Flaschen. Ich öffne jede einzelne und rieche daran: Cremes und Kosmetik.

Eine nichtdeutsche Frau putzt das Haus. Sie mag mich und ich mag sie. Sie streichelt mir mit ihren Gummihandschuhen über den Kopf.

„Wie heißen?“

„Erika. Ich Griechenland.“

Sie sprüht ein Bild mit Glasreiniger an, auf dem „Jesus liebt dich“ steht. Meine schlanke, lächelnde Tante Hiltrud kommt auf mich zu. Sie spricht langsam und deutlich Deutsch, damit ich sie verstehe. Sie ist braungebrannt, fast griechisch braun, hat wunderschöne blaue Augen, braune schulterlange Haare mit einem Pony und aufgespritzte Lippen. Sie glänzt. Sie ist warm und lieb.

„Erika, glaubst du denn eigentlich an Jesus?“

„Ja, in Griechenland gehe ich in Kirche!“

„Das ist toll, Erika. Ich bin stolz auf dich!“

Alle sind irgendwie stolz auf mich, weil ich an einen Mann mit Bart glaube.

„Weißt du, wenn du nicht an Jesus glauben würdest, wäre das nämlich sehr gefährlich.“ Sie erzählt weiter, während wir ins Auto steigen:

„Jetzt wirst du unsere Kirche hier in Deutschland sehen. Unser lieber Herr Jesus liebt alle. Man muss sich ihm hingeben, sonst kommt der Tag der Großen Schlacht. Da kommt Jesus hernieder, und alle Ungläubigen werden mit riesigen Schwertern geschlachtet. Du musst an den lieben Herrn Jesus glauben!“

Wir kommen an. Ich lese Wort für Wort: „Freikirchliche… Baptisten. Und wo ist die Kirche, Tante Hiltrud?"

„Das ist die Kirche."

Ich trete ein und sehe, dass Frauen und Männer gemischt sitzen. Auf dem Teppichboden krabbeln Babys, die Frauen kreuzen die Beine. Der Mann, der vorne am Mikrofon steht, hat keine Verkleidung an und auch keinen langen Bart. Hier sind keine Bilder an den Wänden. Kein Gold. Keine Kerzen und keine Küsse.

„Ich sterbe, wenn ich nicht an Jesus glaube?"

„Ja, Erika, das ist die Wahrheit."

Ich mache die Prise-Salz-Geste. Zur Stirn, Solarplexus, Schulter rechts, Schulter links und die Hand aufs Herz. Meine Cousinen lachen mich aus.

„Das musst du hier nicht machen, Erika. Es reicht, wenn du betest und an Jesus glaubst."

Ich schaue mich um und stelle mir die Menschen in der Großen Schlacht vor. Zum Glück werden die alle überleben. Ab jetzt bete ich jeden Abend – aus Angst, es könnte etwas Schlimmes passieren. Ich wäre sonst schuld daran.

„Erika, wir zwei gehen heute mal in die Läden, ein bisschen einkaufen. Du kriegst 200 Mark von mir und suchst dir aus, was dir gefällt!"

Mein Bruder flüstert mir auf Griechisch ins Ohr, dass 200 Mark etwa so viel wie 30.000 griechische Drachmen sind. Ich weiß nicht, wieviel das ist, aber die Stimme meines Bruders verrät mir, dass es sehr, sehr viel ist.

Karstadt. Flacons. Ich suche nach Eternity.

„Erika, willst du nicht zur Spielzeugabteilung?"

Die ersten 100 Mark gebe ich für Kosmetik und Düfte aus. Die zweiten 100 Mark lasse ich in der Spielzeugabteilung. Sylvanian Family. Ein Delphin-Kuscheltier, das ich Delphi nenne. Mit den Plastiktaschen voller Spielzeug und Kosmetik – und Delphi im Arm – laufe ich Hand in Hand mit Tante Hiltrud durch die Deko-Abteilung. Von weitem glänzt mich etwas golden an. Die beiden kenne ich doch!

Es lächeln mich Maria und Jesus auf einer Ikone an. In diesem Regal stehen nur orthodoxe Ikonen und plötzlich wird Karstadt zur Kirche. Ich freue mich sehr und lege alles ab. Ich fasse eine Ikone nach der anderen an. Lege sie hin, nehme die nächste und küsse sie. Wenn das nur meine Oma Aphrodite und meine Tante Tea sehen könnten! Sie wären wieder stolz auf mich. Ich realisiere, dass die 200 Mark ausgegeben sind.

„Erika, ich bin kurz was schauen, bleib hier, ich komme gleich“, sagt meine Tante Hiltrud, während sie in einem Gang verschwindet. Ich halte eine kleine Klapp-Ikone in meinen Händen. Ich schaue Jesus in die Augen. Ich habe kein Geld mehr. Ich schaue Maria an. Ich schaue mich um. Schaue nach hinten. Höre irgendwo deutsche Stimmen: „Ich such noch eine Steppweste für meinen Mann“, oder „Auf die Uhren gibt‘s zwanzig Prozent Rabatt.“

Ich erinnere mich, dass wir bald wieder zurück nach Griechenland fliegen und wieder die Uhren umstellen müssen. Ich schaue wieder auf die kleine Ikone und stelle mir die Augen meiner Oma Aphrodite vor, wie sie leuchten würden vor Freude, wenn sie diese Ikone sähe. Ich schaue erneut nach hinten. Schaue auf die Ikone und fange an zu schwitzen. Meine Kinderhand hat die Ikone in meine Jackentasche gepackt. Prise-Salz-Geste. Stirn, Solarplexus, Schulter, Schulter, Herz.

„Komm, wir müssen los, Erika!“

Ich werde einfach ganz viel beten, dann muss mir Jesus das verzeihen. Ich muss ab jetzt einfach viel mehr beten. Diese Schandtat wegbeten.

Ich merke, dass Papa die ganze Zeit über, die wir in Deutschland sind, noch gar nicht aufgetaucht ist, dabei sind wir doch wegen ihm hergekommen.

„Dein Vater hat eine Neue, deshalb ist er nicht gekommen“, sagt Mama im Nebensatz.

Wir fahren zurück in das Haus meiner Tante Hiltrud und essen an einer großen Tafel. Delphi darf am Kopfende sitzen.

***

„Meine Damen und Herren, willkommen auf dem Flug von Frankfurt nach Athen!"

Ich bin immer noch zehn, rieche nach Eternity von Calvin Klein und habe rote Lippen. Ich habe etwas Farbe bekommen im Solarium meiner Tante, meine Sommersprossen sprießen, und wir fliegen über ganz viele dicke Wolkenschichten. Es hat in Deutschland nur geregnet, war kalt und grau. Wir fliegen immer höher und höher, es wird immer heller. Ich verstehe zum ersten Mal, dass die Sonne immer da ist über den Wolken. Sie ist immer da. Hier zwischen den Uhrzeiten scheint immer die Sonne.

Ich hole die Ikone aus meiner Tasche, und Jesus, Maria und ich zwinkern uns an und lächeln. Wir haben alles richtig gemacht.

***

Herbst 2011.

Ich bin 20 Jahre alt, rieche nach Eternity und habe rote Lippen und rote Haare.

Meine Oma Aphrodite ist mittlerweile an Darmkrebs gestorben. Ich habe meine Koffer gepackt, um wieder nach Deutschland zu ziehen, um Griechenland zu verlassen und zu studieren.

„Du hast mich immer stolz gemacht, Erika", weint meine Tante Tea. „Du wirst deinen Weg in Deutschland machen. Ich bin mir sicher. Und du bist stets beschützt von Gott. Schon immer gewesen. Du bist wie mein eigenes Kind, Erika! Das ist gut, dass du gehst von hier. Griechenland geht den Bach runter, und die Zukunft ist ungewiss. Griechenland frisst seine eigenen Kinder auf- Wie Kronos."

Ich umarme sie. Unsere Gesichter sind rot und warm voller Tränen.

„Ach, mein kleines Kind, ich hab dich mit großgezogen, es fällt mir schwer, dich loszulassen. Hier, nimm das bitte."

Sie drückt mir etwas in die Hand.

„Einst hast du mich sehr berührt damit, sogar zum Weinen gebracht. Du warst zehn Jahre alt und kamst aus Deutschland wieder, und das Erste, was du gemacht hast, war, deine Oma und mich zu rufen, um uns dein Geschenk zu überreichen."

Ich schaue auf meine Hand. Es ist die Ikone. Die Klapp-Ikone von Karstadt.

„Du wirst immer in Sicherheit sein, Erika. Gott schaut dir zu! Immer!"

Ich rolle mit den Koffern zum Taxi. Es regnet, das ist ungewöhnlich für Athen. Es regnet stark. Ich schaue hinauf in den Himmel und lasse meine Tränen sich mit dem Regen küssen. Ich weiß genau, dass über den Wolken die Sonne scheint. Da fliege ich jetzt hin. Zur Sonne. Daran glaube ich ganz fest.

Prise-Salz-Geste, Stirn, Solarplexus, Schulter, Schulter.

Hand aufs Herz.

Amin.

TEIL II

ABFLUG

Café Grün

Als ich eine junge Frau wurde und mich in Deutschland befand – das betone ich deshalb, weil ich ständig von Griechenland nach Deutschland und umgekehrt umzog, je nach Beziehungsstatus meiner Eltern –, arbeitete ich in einem Künstlercafé, dem Café Grün im Bremer Fedelhören.

Eigentlich hatte ich die Gastronomie satt. Seit meinem 14. Lebensjahr jobbte ich in Diskotheken, Bars und Clubs – damals noch in Athen –, schlug mir die Nächte um die Ohren und zog mich auf Anweisung meiner Chefs immer figurbetonter an, zeigte immer mehr Haut, denn das gebe mehr Trinkgeld. Gab es dann auch.

Am längsten hielt ich es als Kellnerin in einer Billardbar aus, auch weil niemand wusste, wie schlimm es wirklich um meine Dyskalkulie bestellt war. Um mich bei der Bezahlung nicht zu irren, nahm ich zu Beginn meiner Arbeit immer eine Menükarte mit nach Hause und lernte sie auswendig. Ich spielte die verschiedenen Preiskombinationen durch, rechnete mit dem Taschenrechner gegen und notierte mir alles. Zum Glück besaß ich ein gutes Gedächtnis, sodass ich bei jedem Kunden die entsprechende Kombination abrufen konnte; was ein Cappuccino plus zwei griechische Mokka machten, wusste ich ebenso gut wie, was ich rauszugeben hatte, wenn jemand mit einem Zwanzig-Euro-Schein bezahlte. Und wenn ich doch einmal einen Blackout hatte, sagte ich immer, dass ich gleich wieder da sei und zog schnell mein Nokia zu Rate.

Mein Chef bekam davon nichts mit, denn seine Aufgabe war es, den Kund*innen – nun, eigentlich nur Kunden – alles Nötige zum Billardspielen bereitzustellen, Kugeln, Queues und Kreide für die Queues. Wenn er die Herren abgefertigt hatte, ließ er mich bedienen, dabei freundlich lächeln und um jeden Preis flirten. Das gab's inklusive. Ich hatte mich ja schließlich zu benehmen.

Eines Tages bat mein Chef mich, ihn kurz hinterm Tresen zu vertreten. Jetzt gab ich die Kugeln aus. Ich aktivierte die Stoppuhr, indem ich auf den Startknopf drückte. In dem Moment kam er wieder:

„Was hast du gemacht? Bist du dumm?"

„Was denn?"

„Hast du auf Start gedrückt?"

„Ja, klar hab ich das."

„Du kleines Dummerchen! Du musst auf Start Plus drücken!"

Von einem Knopf mit der Bezeichnung „Start Plus" hörte ich da zum ersten Mal.

„Erika, das sind scheiß Albaner! Bei den Albanern und den Z*Wort drückst du immer auf Start Plus!"

Ich verstand, dass die Spielzeit an den Tischen schneller ablaufen musste, wenn man „Start Plus" drückte, und die „scheiß Albaner, Sinti und Roma" am Ende einen höheren Betrag zahlen mussten, fast doppelt so viel die griechischen Kunden. Der Chef hoffte wohl, sie mit einem teureren Spiel zu vertreiben.

„Seit wann machst du das? Das ist unmenschlich! Das geht nicht! Solange ich an der Kasse stehe, werde ich nicht diesen Knopf drücken! Start Plus – was ist das für eine Scheiße?"

„Pass mal auf, Kleine, solange du in meinem Laden arbeitest, gelten meine Regeln. Und wenn ich dir sage, dass du gefälligst diesen Knopf zu drücken hast, wenn Albaner und dreckige Z*Wort meinen Grund und Boden betreten und die Luft verschmutzen, dann hast du zu gehorchen! Und wenn du keinen Bock darauf hast, kannst du deine Sachen packen und gehen. Jetzt komm, bedien endlich die Penner, aber wehe, du bist freundlich zu denen. Ich beobachte dich. Kein Lächeln, kapiert?"

Ich musste dieses dreckige Spiel also mitspielen, wenn ich meinen Drei-Euro-die-Stunde-Job nicht verlieren wollte. Nicht, dass ich keine andere Stelle als Kellnerin gefunden hätte, aber ich dachte damals, dass ich klein und hilflos sei; eine Vierzehnjährige, der eingetrichtert wurde, dass sie eine Frau sei, zu gehorchen habe und außer ihrem guten Aussehen keine Waffen besitze.

Ich erinnere mich gut an Ina, meine Kollegin im Billard-Café, die Albanerin war und sich in den DJ des Ladens verliebte. Die beiden wurden ein Paar, aber Ina erzählte ihm nie von ihrer Herkunft, weil sie Angst hatte, sonst verlassen zu werden. Bis heute ist die Albanerfeindlichkeit in Griechenland stark ausgeprägt. Man hörte Münder sagen: „Früher konnten wir auf unseren Balkonen schlafen und unsere Türen offenlassen, bis in den 1990ern die Albaner über die Grenze kamen. Das sind Kriminelle, böse Katzen, die tragen das einfach in sich!"

Als doch jemand dem DJ verriet, dass Ina eigentlich Albanerin war, trennte er sich zwei Tage später. Er gab an, ohnehin nie richtig verliebt gewesen zu sein. Das Schlimmste daran war, dass Ina schon damit gerechnet hatte.

„Meine Ina", sagte ich und wischte ihre Tränen weg, „lass uns tanzen gehen."

An diesem Abend besuchten wir wie so oft einen Club, um meine Benzo-Sucht mit Alkohol zu begießen und Inas Frust zu betäuben. Ich lernte eine junge Frau kennen, die mir erzählte, dass sie als Tänzerin in einem Club arbeite und 80 Euro pro Nacht verdiene.

„Achtzig Euro für eine Nacht arbeiten, das ist ja mega viel Geld!"

„Ja, das ist easy. Du musst lediglich dreimal am Abend auf ein Podest steigen und deinen süßen Hintern bewegen."

„Wie meinst du das?", fragte ich naiv.

„Du hast maximal Unterwäsche an, tanzt drei Mal zehn Minuten und kannst mit süßen achtzig Euro nach Hause gehen!"

Wow, dachte ich, achtzig Tacken? Momentan arbeitete ich für weniger als die Hälfte davon täglich zehn Stunden in einem Laden, in dem Albaner und Roma das doppelte Geld zahlten. Und jetzt? 80 € für 30 Minuten? Da scheiß ich doch drauf, wenn mir jemand mal auf den Arsch haut – lieber Popoklatscher als Start Plus.

***

Im Tabledance-Geschäft hielt ich es dennoch nicht lange aus. Das Geld war sehr gut, aber der Preis, den ich dafür zahlte, war, dass ich mich unglaublich zudröhnen musste, um das Gaffen der alten Geier zu ertragen. Eines Nachts nahm ich eine höhere Dosis Beruhigungsmittel ein, eigentlich zu hoch, aber es sollte ordentlich knallen, und schließlich muss man von jeder Droge irgendwann mehr und mehr nehmen, damit man wieder was spürt, beziehungsweise nichts mehr spürt. Dazu trank ich parallel immer Likör.

Ich tanzte also auf dem Podest und merkte, wie ich langsam das Gleichgewicht verlor. Mein Körper wurde taub und mein Atem flach. Alles drehte sich, und das Gefühl, was man beim Träumen vom Fliegen hat, wurde Realität. Das Nächste, woran ich mich erinnern konnte, war, wie ich meine Augen öffnete und mich einem Mann im Kittel gegenübersah. Schon wieder ein Gaffer? Es war ein Arzt und ich in einem Krankenhaus gelandet.

„Hier bleiben Sie jetzt eine Woche, um auszunüchtern."

Eine Tabledance-Kollegin hatte den Ärzten vermutlich erzählt, dass ich tablettenabhängig war.

Eine Woche ohne Benzos? Wollten die mich verarschen?

Der Entzug war eines der schlimmsten körperlichen und psychischen Erlebnisse, die ich je erfahren musste. Ich dachte, ich verrecke in diesem schäbigen grauen Krankenhaus. Ich hörte Stimmen und hatte Todesangst. Mein Körper fühlte sich an, als würde man mich immer wieder mit Messern erstechen. Ich stöhnte und versuchte, dem Stöhnen einen repetitiven Rhythmus zu geben, damit zumindest irgendeine Stabilität vorhanden war. Ich träumte von Menschen, denen die Beine mit Steinen zerschlagen wurden, wobei das Blut nur so spritzte. Ich verstand das erste Mal, warum Menschen Suizid begingen.

Neben mir lag eine heroinabhängige Frau namens Irini, was auf Griechisch „Frieden" bedeutet.

„Mannomann, Mädchen, dir geht es echt beschissen. Wenn du draußen bist, rufst du mich an, und dann mach ich dir die Pillen auf dem Schwarzmarkt klar. Du brauchst keinen scheiß Arzt mehr."

Ich konnte mich nicht unterhalten, weil ich mich jedes Mal übergeben musste, wenn ich den Mund öffnete. Ich kotzte bloß noch Galle. Die Waage zeigte 45 Kilo an – bei einer Größe von 1,63 m.

In der Nacht des vierten Tages packte ich meine Sachen und verschwand. Ich war kein Junkie. Ich gehörte da nicht rein. Ich schaffte das allein. Da drin waren nur grelles Licht und Lärm. Ich fuhr mit dem Taxi nach Hause zu meiner Mutter, wo wir auf zwanzig Quadratmetern zu zweit lebten. Ich ließ mich in dem Club nicht mehr blicken und warf mein altes Handy in die Mülltonne.

***

Die nächsten Monate verbrachte ich im Goethe-Institut Athen, wo ich mein deutsches Sprachdiplom erwarb und als Lehrerin für Kinder zu arbeiten begann, die Deutsch als Drittsprache lernten, um später bessere Chancen im Berufsleben zu haben oder sogar in

Deutschland studieren zu können. Immerhin verdiente ich jetzt Geld, ohne dafür mit dem Hintern wackeln zu müssen. Tatsächlich sah man meinen Hintern gar nicht, da ich meist hinter dem Lehrerpult saß. Man stelle sich vor: Mein Hintern saß auf einem Stuhl! Ich musste nicht mehr auf Tischen tanzen. Ich musste keine Möbel mehr entfremden. Und hatte etwas Stabilität.

Als die Finanzkrise in Athen ausbrach, fasste ich all meinen Mut zusammen und ging zu meiner Mutter:

„Ich gehe nach Deutschland, Μαμά. Ich will hier weg."

„Du willst deine Mutter alleinlassen? Deine arme Mutter willst du alleinlassen?"

„Μαμά. Ich bin gerade einmal zwanzig Jahre alt. Ich lebe in einer Stadt, die ich liebe, aber diese Stadt frisst mich auf. Ich will reisen, studieren und neue Menschen treffen! Ich will die Welt sehen und neue Dinge lernen."

„Du bist hier Deutschlehrerin, Erika. Was willst du mehr?"

„Mann, Mama. Ich bin doch keine richtige Lehrerin! Ich bringe griechischen Kindern Deutsch bei, damit sie eines Tages die Chance haben, aus diesem Loch hier abzuhauen!"

„Rede nicht so über deine Heimat! Κάτσε στ' αυγά σου, μωρή."

Ich solle auf meinen Eiern sitzenbleiben, was so viel bedeutete wie „Bleib gefälligst in deinem Nest."

„Du bist genau wie dein Vater, Erika! Immer wenn es brenzlig wird, haust du ab."

„Ich bin noch nie abgehauen! Wie denn auch? Wann und wohin sollte ich denn abhauen? Etwa als Siebenjährige, als wir das erste Mal nach Deutschland gezogen sind? Oder als ich vierzehn war und ihr euch innerhalb von zwei Tagen überlegt habt, wieder zurück nach Athen zu ziehen? Egal wie es euch gerade passte, wurden wir wie ein Rattenschwanz hinterhergezogen. Ihr habt mir nicht einmal die Möglichkeit gegeben, darüber nachzudenken, umzuziehen, mich von meinen Freunden zu verabschieden. Jedes Mal, einfach weg! Ich bin mit euch schon achtmal umgezogen, und kein einziges Mal davon hatte ich das Gefühl, irgendwo anzukommen."

Sie äffte mich nach.

„Bä, bä, bä, Zuhause, meine Gefühle, ich, ich, ich! Εγώ, εγώ εγώ! Μόνο τον εαυτό σου σκέφτεσαι! Jetzt kommst du mir plötzlich sentimental! Hast du dich mal gefragt, wie es deiner Mutter geht? Tu ich dir denn nicht leid? Willst du mich hier allein lassen?"

„Aber Mama..."

„Nix aber! Sei froh, dass du überhaupt ein Zuhause hast! Was sollen denn andere Kinder sagen? Ich koche jeden Tag für dich! Du kannst gar nicht kochen! Ach, weißt du was? Hau doch ab! Verpiss dich zu deinem scheiß Vater! Aber dann bist du nicht mehr meine Tochter! Vergiss das nicht! Ich bin dann nicht mehr deine Mutter. Deine Mutter ist dann gestorben."

Sie lallte nur noch, und es roch nach kaltem Aschenbecher und Bier.

„Hau doch ab, du Arschkind! Κολόπαιδο! Πουτανάκι! Rennst schon ein Leben lang deinem Arschloch von Vater hinterher. Lass mich hier verrecken, das ist dir doch eh alles scheißegal, was deine Mutter für dich getan hat!"

Ich kochte vor Wut. Meine Mutter fuhr fort:

„Erika, ich wünsche dir, dass, wenn du eines Tages Kinder bekommst, du den Schmerz, den du mir hier grade zufügst, doppelt zurückbekommst. Und das wird wehtun! Du wirst deine Strafe von Gott kriegen! Dein Kind wird deine Strafe! Denk an meine Worte, du kleine Schlampe!"

Ich hielt es nicht mehr aus. Vor mir stand ein runder Esstisch. Ohne zu überlegen, hob ich den Tisch samt dem darauf stehenden Chili con Carne und warf ihn durch die Wohnung. Er brach entzwei, und ich schrie lange. Meine Mutter duckte sich, öffnete die Tür.

„Du bist verrückt! Du bist genau so verrückt wie dein Vater! Ich ruf die Polizei! Die holen dich ab! Du bist eine Mörderin!“

Und überall Chili.

***

Als ich in Bremen ankam, regnete es.

Am nächsten Tag auch.

Und danach eigentlich immer.

Hier war ich nun wieder. Das erste Mal aus freien Stücken. Ohne, dass an mir herumgezerrt werden musste. Ungeheilte Traumata werden zu Kindern, an denen man herumzerrt; am Arm, an der Jacke, am Zipfel, am Ohr, an der Hose. Und das ist erst der Anfang.

Ich war einigermaßen frei mit meinem kleinen Zimmer, aber ich hatte noch keinen Job und keine Versicherung. Dafür erste Entzugssymptome, denn nach dem Streit mit meiner Mutter war ich rückfällig geworden. Meine Antidepressiva und Beruhigungsmittel waren alle.

Café Grün. Dort fing ich an zu arbeiten.

Trotz meiner Verachtung für die Gastronomie fühlte ich mich in diesem Laden zuhause. Früher hatte ich meinen Vater in das Künstlercafé begleitet und dann – Kind, das ich war – hinterm Tresen gestanden. Jetzt war ich ohne Papa und verdiente sogar Geld. Der Besitzer hieß Hermann und hatte mit Henna rot gefärbte Haare. Wir verstanden uns sehr gut, Hermann vertraute mir seinen Laden blind an. Er hatte nach 30 Jahren die Schnauze voll von seinem Café und war froh um jede Minute, in der ich ihn dort vertrat. Es lief oft Jazz, der Laden war schlecht besucht. Charles Mingus, Miles Davis, Aretha Franklin und Edith Piaf. Das waren die CDs, die es hier gab, die liefen immer, und das war gut so. Die Gäste waren dieselben, die ich damals als Kind bedient hatte, bloß älter.

Eines Abends, nachdem ich den Entzug relativ gut alleine überstanden hatte, bekam ich während meiner Schicht eine Panikattacke. Gerade war kein Gast da. Nur Edith Piaf bekam mit, wie ich hyperventilierte. Egal, dachte ich, ich mach eh gleich Feierabend, das wird schon. Da ging die Tür auf. Ich atmete tief durch, ging raus zum Tresen und sah dort einen alten, dicken, grimmigen Mann sitzen.

„Einen roten Johnny ohne Eis."

Ich gab mir alle Mühe, mir meinen Zustand nicht anmerken zu lassen.

„Sind Sie hier neu?"

Ich musste sprechen. Das war während einer Panikattacke die größte Herausforderung.

„Seit einem Monat schon."

„Ich sehe Sie hier zum ersten Mal, dabei wohne ich direkt gegenüber."

Ich verschwand wieder in den Hinterraum und holte tief Luft. Ich schaffe das nicht. Ich klappe zusammen. Todesangst aus dem Nichts. Ich konnte mittlerweile nicht mehr unterscheiden, ob ich wirklich eine Panikattacke hatte oder ob es Entzugssymptome waren.

„Ich nehme noch einen", sagte er nach seinem letzten Schluck. Ich bring ihn um, dachte ich. Das ist mein Untergang.

„Was machen Sie eigentlich so?", grummelte er. „Kommen Sie von hier? Sie sehen aus wie eine Elfe."

Ohne zu flirten musterte er mich. Eher, als würde er einen Krümel an mir suchen, den er eben noch gesehen hatte. Ich spulte meine Kassette ab: Dass ich aus Griechenland sei und gerade erst ein paar Monate hier, irgendwas mit Kunst machen und studieren will, aber gerade nicht versichert sei und es mir generell nicht gut ginge.

„Kommen Sie morgen in meine Praxis."

Was meint der Spinner, dachte ich.

„Was für eine Praxis?"

„Sie kommen morgen in meine Praxis und fangen an, bei mir zu arbeiten. Dann sind Sie versichert. Außerdem kann ich Ihnen dann Medikamente verschreiben."

„Wie bitte?"

„Sie fangen morgen an, bei mir zu putzen, sind dann versichert, weil Sie bei mir angestellt sind, machen Ihren Job hier im Café Grün weiter und bekommen Antidepressiva von mir."

„Wie bitte?"

„Sie haben eine Posttraumatische Belastungsstörung und dadurch Depressionen und eine Angststörung, aus der wiederum die Panikattacken resultieren."

„Wer sind Sie?"

„Ich sehe das. Sie brauchen mir nicht viel zu erzählen", murmelte er.

„Und jetzt hören Sie auf, Fragen zu stellen. Wir sehen uns morgen um acht Uhr in meiner Praxis. Hier, passt so."

Neben dem Geld lag seine Visitenkarte: Dr. Kloß, Psychiater und Suchtmediziner.

Für die nächsten Monate putzte ich in der Methadonstation des grummeligen, dicken Mannes, dem ich mein Leben zu verdanken hatte. Ich wischte den Boden, auf dem verlorene Seelen ihre Spuren hinterließen, putzte das Klo und begann, an den Wochenenden bei der Methadonvergabe mit anzupacken. Ich war nun Reinigungskraft in einer psychiatrischen Ambulanz. Gelegentlich nahm ich auch Urinproben von den Patienten an, um zu kontrollieren, ob sie neben Methadon noch etwas anderes konsumierten.

„Sie müssen immer fühlen, ob das Pipi noch warm ist, denn sonst ist es gefälscht und von jemand anderem. Manche Methadonpatienten verkaufen ihr Pipi an andere, die einen Beikonsum haben. Manche Frauen stecken sich das gekaufte Pipifläschchen auch vorher in die Scheide, damit es die Körpertemperatur annimmt."

Ich hatte noch viel zu lernen.

Vor allem aber glaubte ich mittlerweile an Wunder. Stell dir vor, du bist in der Wüste und hast seit Tagen nichts getrunken. Der Durst wird immer heftiger und heftiger, und die Sonne verbrennt dir die Haut. Kein Schatten in Sicht, kein Wasser, hungern hast du schon verlernt und kannst dich eigentlich nur noch damit abfinden, dich der Tatsache hingeben, dass du bald stirbst. Doch plötzlich, und das ist kein Witz, plötzlich steht vor dir ein dicker Mann mit Karaffen voller Wasser und sagt:

„Trink! Trink, so viel du willst. Du kriegst sogar Geld dafür."

Und nein, es ist keine Fata Morgana. Er ist einfach da, und du darfst trinken.

Ich putzte. Ich putzte alles sauber. Ich putzte um mein Leben.

Katharsis.

Ich putzte, so schnell und so gut ich konnte, ich putzte aus ganzem Herzen, und jeder Zug mit meinem Lappen setzte schachmatt.

Ich war die glücklichste Putzfrau der Welt.

Fallen

Wenn mein Vater trank und abends losging, ging ich meistens mit. Naja... eigentlich immer. Er war Stammkunde in einem Künstlercafe, das wie eine Phantasiemüllhalde war. Humboldt Schlüter Kunstverein Humboldtstrasse 67, Anfang 2000er.

Menschen, die ihre Phantasien in Gemälden und Zeilen festhielten. Ganz schön eng war das.

Lauter weise, weiche, zarte Seelen, berauschend schöne Wesen und zugleich kaputt von Rausch erzeugenden Mitteln. Ich war ebenfalls Stammkundin. Ich war bestimmt auch 11. Im Pass 11. Laut Geburtsurkunde. Geboren waren hier alle anderen auch irgendwie und irgendwann. Manche freuten sich darüber, anderen wünschten sich, dieses Ereignis hätte ihnen niemals widerfahren sollen.

Wenn Günther, der Wirt, gut drauf war, durfte ich auch mal hinter den Tresen, und ich wurde schnell zu einer Art Kuscheltier oder Maskottchen des Ladens. Günther ließ mich, wenn er noch nüchtern war, nur an die Kakao- und Kaffeemaschine, ab einer gewissen Uhrzeit durfte ich aber mehr. Ich kostete mein erstes Weihwasser in einem Künstlerloch. Ich wurde sogar drin getauft. Getauft in Schnaps und Kakao. Günther hatte mich sehr lieb, und das gefiel mir. Er war sehr aufmerksam und beschützte mich oft, wenn benebelte Gesichter mir von Tod und Tulpe erzählten. Mein Vater war nach zwei Stunden meistens betrunken... Die Tatsache, dass er wie ein Kind anfing zu weinen und mir sagte, wie sehr er mich liebte, kurz danach auf dem Tresen einschlief, war für mich das Zeichen, nach Hause zu gehen.

Wie oft habe ich mir einen Rollstuhl gewünscht zu diesen späten Stunden. Die Treppen waren das Schwierigste, und der Gang nach Hause war auch nicht ohne. Papa bedankte sich den ganzen Weg lang bei mir:

„Du bist die beste Daughter der Welt."

Papa und ich hatten eine Geheimsprache, und wenn er mir sagen wollte, wie sehr er mich liebte, klang das in etwa so: „Geliebst gümagst gekanost."

Ich antworte „Daughter auch geliebst gümagst, jetzt aber nach Hause gegehst Papa muss geslafst gümagst".

Und wie oft stolperte er und fiel hin, und die Leute schauten, und mir war das immer so peinlich, aber ich wollte meinen Papa immer beschützen. Ich hätte ihn nie, nie, niemals alleine gehen lassen. Zu sehr liebte ich ihn.

Also Papa fiel hin, ich half ihm wieder hoch, dann gab es oft noch ein kleines Ballett an der Ampel, aber wir kamen immer heile nach Hause. Papa tanzte als kleiner Junge Ballett. Ich ja auch. Wir waren ein gutes Ensemble, ein gutes Tanzduett. Aber Papa traute ich den Solotanz nicht zu.

Wie auch immer... Jahre später, immer, wenn ich mich verliebte oder auch nur einen Mann ins Herz geschlossen hatte, einfach so, weil er mich faszinierte, entwickelte ich die Angst, dass diesem Mann etwas zustoßen könnte. Es dauerte sehr lange, bis ich dieses Muster erkannte. Ich dachte immer, dass allen männlichen Wesen, die ich liebhatte, etwas zustoßen wird und dass sie aus dem Leben gerissen werden, dass sie plötzlich sterben. Dass alle Männer gehen werden. Alle Papas der Welt werden dann gehen und ich wäre allein mit Müttern. Im schlimmsten Falle mit meiner Mutter. Wenn sich ein Freund nicht zurückmeldete, stellte ich mir vor, dass er hilflos irgendwo lag und ich ihn retten musste. Ich hatte Alpträume und bis sich diese Person gemeldet hatte, konnte ich nicht aufhören daran zu denken, und die Nächte wurden erlebt. Es entwickelte sich eine ausgeprägte Angststörung und eine enorme Angst vor dem Tod. In der griechischen Mythologie wird es ja schon beschrieben, dass der Schlaf

„Hypnos“ der Zwillingsbruder von „Thanatos“, dem Tod, war. Also konnte ich nicht schlafen, weil ich Angst hatte zu sterben. Manchmal wollte ich sogar sterben, weil diese Angst zu enorm war.

Ich weiß noch genau, wie ich einst am Fenster in einem sechsten Stockwerk stand und springen wollte. Sechs war einfach nicht meine Lieblingszahl... Leider hatte das Haus nur sechs Stockwerke... Außerdem wollte ich mir ja nicht was brechen oder in einem Busch landen. Ich wollte vom siebten Stockwerk springen und sterben.

Als ich begann, meine Phantasie ernst zu nehmen, fand ich manchmal mein Gleichgewicht wieder.

„Sonst entstehen Phantasiemüllhalden, und es fängt an nach Verwesung zu stinken“, zitierte ich mich manchmal selbst vor dem Spiegel.

Eines Nachts verfasste ich einen Brief an einen Mann namens Swano. Ich war zu dem Zeitpunkt verliebt in ihn, und er hatte sich seit drei Tagen nicht gemeldet. Kurz vor seinem 28. Geburtstag verfasste ich diese Zeilen, da ich Angst hatte, dass er geht, bevor er 28 wurde. Wie Jim Morrison oder Kurt Cobain oder etliche andere magische Künstler, die mit 27 gingen. Denn er war auch einer. Ein magischer.

„In Anbetracht der Tatsache, dass der Mythos 27 eintrifft, solltest Du noch etwas mitnehmen. Du bist eines der schönsten Wesen, die ich auf dem Planet Erde gesehen habe. Vielleicht bist Du von einem anderen Planeten... Sehr wahrscheinlich. Vom Planet Illusion vielleicht. In einer Menschenmenge könnte ich sofort deine Augen finden. Ich muss Dich nicht mehr anschauen, weil ich Dich jeden Tag sehe, wenn ich die Augen schließe. Weil ich von dir träume und Dich wach und im Koma verstehe. Wachkoma. Ich kenne jeden Zentimeter deines Gesichts, den Abstand von deinem Mund zu deinem Kinn und den Abstand von deinen Augen zum Haaransatz kann ich dir mathematisch erklären, obwohl ich Dyskalkulie hab. Analphabetisch fühl ich mich jetzt. Ich will Dich spüren immer wieder. Wer ist eigentlich immer dieser Wieder? Immer wieder. Immer wieder will ich Dich spüren. Immer immer immer und immer wieder. Ich hasse diesen Wieder.

Manchmal wünsche ich mir Verabredungen für das nächste Leben. Dann dürftest Du mein Herz in deiner Brust tragen. Oder ein Parallelleben, und die Brücke zwischen den Leben ist das Begehren..."

Swano war wirklich eines der schönsten Wesen, die ich je getroffen hatte. Er war anmutig schön. Fast stockte einem der Atem, wenn man ihn ansah. Ich hatte noch nie zuvor einen so zerbrechlichen Mann gesehen. Seine Zerbrechlichkeit machte ihn stark. Die Bezeichnung Mann ist hier nicht trefflich. Wesen trifft es schon eher. Er war sicher männlicher Natur, aber die Natur kann manchmal so großzügig sein. Ich hatte nie vor, wie in dem Brief beschrieben mit ihm mein Leben zu teilen, so sehr es mir in den Träumen gefiel, so sehr ich Träume liebte, doch Träume sind oft schwerelos, und das machte mir Angst.

Ich wollte keine Labilität mehr. Denn Swano war drogenabhängig. Ich wollte endlich einen Grund. Im Kopf einen Grund und am Boden den Grund. Ich hatte mehr das Gefühl, Swano mal in einem anderen Leben schon mal begegnet zu sein, oder vielleicht verspürte ich die Vorahnung, dass ich ihm in einem anderen Leben mal begegnen werde, wenn es so etwas gibt. Wer weiß das schon...

Sicher war meine bedingungslose Liebe für diesen Menschen. Mehr wollte ich nicht.

Eines Nachts besuchte ich Swano in seinem Haus. Das Haus war winzig klein, und man gelangte nur dahin, wenn man einen großen Garten durchquerte. Der Garten war eigentlich düster, doch er wurde erleuchtet von mehreren phosphoreszierenden, jungen, leuchtenden, weiblichen

Blüten, die bei genauer Betrachtung in sich gekehrt waren. Zwischen 16 und 50 Jahre alte Blüten.

Prostituierte. Kokain. Heroin. Crack und Pfeifen.

Wegweiser zu Swanos kleinem Palast.

Ich hatte mir vorgenommen, an diesem Abend ein einziges Mal Swanos Lippen zu kosten. Nur ein einziges Mal, um zu verstehen, wie er schmeckte, um zu verstehen, wie seine Lippen sich an meinen anfühlten. Um zu verstehen, wie es sich anfühlt, den Ausgang seiner wertvollen Worte zu spüren.

Ich muss sagen, Frau Erika war sehr frech an dem Abend. Als wir nach langem Philosophieren über das Leben und die Angst sprachen, was man mit Herrn Swano hervorragend konnte, legte er sich in sein Himmelbett. Eine Matratze auf dem Boden mit Flecken diverser Flüssigkeiten und ohne Lacken. Mit ihm drauf war es nun mal ein Himmelbett. Er begann tief und beseelt zu atmen. Ich freute mich, dass er müde war, denn es plagten ihn eigentlich Schlafstörungen durch das häufige Pudern der Nase. Im Grunde glaube ich, dass er eigentlich Waffeln essen wollte und stattdessen mit dem Puder begann.

Ich legte mich in seinen Arm, und ich begann sanft seine Stirn zu streicheln. Mit der Außenseite meiner Hand berührte ich seine Wangen. Leicht streichelte ich über seine Augenbrauen. Ein Wechselspiel von der Innen- und Außenseite meiner Hände auf dieses göttliche Geschöpf. Er atmete immer tiefer, und ich dachte in diesem Moment, wann er wohl das letzte Mal so berührt worden ist.

Er schlief wie ein kleines Baby. Vielleicht bei seiner Geburt wurde er so zart berührt... Als er tief und fest eingeschlafen war, beugte ich mich über ihn, feuchtete meinen Mund leicht an und begann seinen Mund zu küssen. Zart und langsam, immer wieder nur ein Hauch von Kuss. Erst die Oberlippe und dann die Unterlippe.

Ich stand auf, packte meine Sachen und ließ das schlafende Baby allein.

Zurück durch den Garten, die Blumen waren immer noch wach und waren fast ausverkauft.

In der nächsten Nacht ging ich wieder durch den Phosphor-Garten in sein Haus.

Ich fragte ihn, ob er sich erinnern könne, was gestern Nacht passiert ist. Er sagte, er habe irgendwas geträumt und habe wohl gut geschlafen.

Ich fragte nochmal, ob er sich sicher sei. Er sagte erneut, dass alles in Ordnung sei.

Irgendwie fand ich es ernüchternd, dass er kein bisschen was davon gespürt hatte, und so sagte ich ihm:

„Ich habe dich gestern Nacht geküsst!"

Er sagte keinen Ton und starrte mich an.

Ich sagte: „Schau, so habe ich dich gestern Nacht geküsst!"

Und ich küsste ihn erneut.

Es war unfassbar, wie regungslos er war, und noch unfassbarer war, wie unkommentiert wir dieses Ereignis ließen und wie einfach wir weiterredeten, als ob nichts gewesen wäre.

Und nie wieder redeten wir über diesen Kuss.

Er erzählte mir, dass er keine Lust mehr auf diesen Puff hätte und dass er eine neue Wohnung suche...

Austausch von Gedanken, Ängsten und Geheimnissen. Aber vom Kuss war nie wieder die Rede.

Ich mochte dieses Wesen! Dieses Wesen konnte ab jetzt ein wirklich guter Freund sein.

Etliche Briefe und Zeilen an Menschen, nicht nur männlichen Geschlechtes, verfasste ich in der Hoffnung, alles gesagt zu haben, bevor ich gehe. All das, weil ich schon mal kurz vor dem Tod stand, und ich dachte an all die Ohren, die ich nie mit Worten befüllt hab. Worte von innen. Und an all diese Sätze, weil ich sie nicht ins Grab mitnehmen will.

Außerdem will ich all meine Organe spenden und danach eingeäschert werden.

Flammen sollen es sein und ein Fest bitte. Ein Fest in weißer Kleidung. Oder in bunt.

Ich war mir meiner Sterblichkeit bewusst und das hielt mich immer am Leben. Wenn ich das Gefühl bekam, nichts mehr zu fühlen oder das Können verlernt zu haben, das Wollen zu wollen, aber nicht zu können, das Sollen zu hassen und das Dürfen zu meiden, dann stellte ich mir oft vor, wie der Tod auf meiner Schulter saß und mir sagte, dass es morgen vorbei ist. Dann schien mir oft alles nicht mehr so ernst. Fast lächerlich, worüber ich mir manchmal den Kopf zerbrach. Dann nahm ich den kleinen, süßen Tod von der Schulter und knutschte und drückte ihn und lernte ihn lieben. Manchmal.

Klar machte er mir manchmal noch Angst, aber er war zugleich wunderschön, wenn er mir in die Augen sah.

Vielleicht weil er keine Augen hatte. Wer weiß das schon...

Kurz, ja vielleicht für ein paar Momente, hatte ich mich in Swano verliebt, aber das war egal. Wichtig war die innige Beziehung, die wir pflegten. Ich erkannte schnell, schon weit vor Swano, dass ich mich systematisch, regelmäßig während meiner Ehe zu Herrn Walross verliebte. Ohne ihn aber je zu betrügen und ihm das zu erzählen, behielt ich meine Gefühle für mich. Dieses verliebt sein war eine Betäubungsspritze. Wie einfach kann man sich ohne Drogen berauschen? Na, mit Verlieben natürlich.

Glücklicherweise erkannte ich dieses Muster, nachdem ich mich das dritte Mal zu verlieben anfing, in einen Mann, der mal wieder und zum Glück mein Verliebtsein nicht erwiderte. Das half mir schnell, damit abzuschließen und keine wilden Affären einzugehen und mich so nicht zu verknoten.

Doch der Drang nach Nähe und Sehnsucht wuchs und wuchs. Und ich wusste, dass die armen Kerle, in die ich mich verliebt hatte, ja nichts dafür konnten, auch konnte

Herr Walross nicht wirklich was dafür. Ich hatte halt ein Walross geheiratet! Ich kann danach nicht erwarten, dass ein Walross auf einmal zur Giraffe wird.

Zurück zu Swano. Zurück zum Diesseits.

Was man nicht alles denkt und dann doch nicht bedacht hat.

Die Nähe, die ich mir einst von Swano wünschte vor unserer Freundschaft, kam von selbst. Mal wieder etwas, was ich fast mit meiner Ungeduld gekillt hätte. Und mal wieder etwas, was durchs Loslassen geschah. Hier entstand nach und nach etwas berauschend Schönes. Frei von Titeln und Bezeichnungen wie zum Beispiel Affäre oder Beziehung, oder One oder Two Night Stand oder offene Beziehung oder geschlossene Beziehung oder halboffene oder Beziehung, deren Schlüssel man verloren hat.

Eine Beziehung, die überhaupt kein Schloss hatte, wo überhaupt keine Schlüssel existierten, einzig und allein der Code, dessen Zahlen im Zeitlosen schwebten. Wo Berührung der Schlüssel zu allem ist. Und das entstand mehr oder weniger von allein. Durch ein gemeinsames Dasein, in eine Röhre schauend, sich an der Hand haltend, entschieden, gemeinsam Ausflüge zu unternehmen. Und wenn mich eins ganz fern verreisen ließ, dann waren es die Ausflüge mit Swano. Eine Reise ohne Koffer und ohne Ticket. Nicht einmal ein Pass war dafür nötig. Nicht mal eine Buchung. Einzig und allein das Diesseits eingepackt, um im Jenseits der Gedanken zu verreisen. Und hier ist nicht die Rede von Drogen, nein. Weder von weißem Staub noch von gepresstem Glück. Keine essenzielle Substanz, die uns verreisen ließ. Wir nahmen uns an die Hand, und die Reise begann meistens mit Fingern, die sich begrüßten. Finger begannen, Nasen zu kriegen, und Haut begann zu sprechen, jede Pore erzählte ein Gedicht von Entschleunigung und Ankommen. Angekommen im Diesseits im absoluten Zustand. Die Luft stand.

Finger wollten hören, was der Mund zu sehen hat. Mund sah, und Wange sah Hals. Hals wurde von Fingern abgehört und vom Mund gekostet. Es schmeckte. Schmecken bekam eine neue Bedeutung, und Zunge roch an Lippen, Lippen sprachen Wörter, und bevor sie vor Atmen vertrockneten, wurden sie auch schon wieder mit Lippen bedeckt und gepflegt. Körper vereinten sich. Poren wurden groß, wurden so groß wie der Körper selbst, und Körper schrien nach Stillstand. Nach Zeitstopp. Zeit blieb stehen, und Tränen der Geschlechter weinten vor Glück.

Also doch irgendwie Drogen. Nur intrinsisch. Wir hatten also ein geheimes intrinsisches Drogenlabor gegründet. Es kostete nichts und machte nicht mal süchtig. Wir hatten die absolute Droge kreiert, und nur wir wussten, wie es geht.

Swanos Freundin aus Staub

Swano hat sich lange nicht mehr gemeldet. In Staub aufgelöst?

Swano hat wohl eine neue Freundin, wurde mir gesagt.

Das ist in Ordnung. Wobei. Da ist wohl keine Ordnung. Aber das sind Worte, die aus anderen Mündern meine Ohren erreichten. Ich sehe und höre aber nichts mehr von ihm selbst.

Ich muss mich wohl damit abfinden, zu sagen, dass es in Ordnung ist, dass er wohl glücklich ist. Auch wenn es innen zwickt und ein Bewohner meiner Seele namens Instinkt mir sagt: Das ist es nicht für ihn.

Das aber frage ich mich oft, was ich mit diesen verschiedenen Bewohnern machen soll. Warum sind sie da, wenn ich doch meistens nichts ändern kann? Wer bin ich, zu sagen, wer mit wem glücklich wird oder nicht? Wahrscheinlich muss ich einfach den Bewohnern einzig und allein zuhören. Einige haben Recht, einige denken laut, andere zu leise. Anderen Bewohnern will ich oft nicht begegnen. Sie sind da und ich kriege sie auch nicht raus. Ich muss sie wohl lassen. Diese Mietnomaden.

Mir bleibt wohl nichts anderes übrig, als mich zu distanzieren. Aber nicht aus Trotz, sondern aus Liebe. Das ist wahrer Schichtdienst. Knochenarbeit.

Der Tag schenkt mir wohl Geschenke in Form von Handlungen, die zu Gedanken werden, die gedacht werden müssen.

So kam es auch an einem Tag, an dem ich erleuchtet werden wollte. Aus meinem dunklen Haar am Haupt wollte ich erhellen. So betrat ich einen Friseursalon. Ich wollte erblonden, in der Hoffnung, dass ich aus meiner Depression rauskomme. Auf solch dumme Gedanken kommt man, wenn man durstig nach Licht wird. Es war ein

Witz des Universums, als ich sah, wer mein Haupt erhellen sollte. Es war die neue Freundin von Swano. Ich sah sie bereits an einem Abend, an dem ich sie mit Swano traf. Er stellte sie stolz vor. Sie gab mir damals die Hand. Ihr Händedruck war schlaff und lustlos. Gleichzeitig doch brutal.

An diesem Tag im Salon erinnerte sie sich nicht an mich. Ich dachte: besser so, und während der ganzen Erhellungsprozedur wechselten wir kaum ein Wort. Sie tat es aus Lustlosigkeit, ich tat es aus Gründen. Ich würde mir falsch vorkommen, sie zu fragen, wie es ihm geht, und im Hinterkopf zu haben, wie ich einst den Mund küsste, den sie heute küsst. Sie hatte keine Ahnung, wer ich war. Auch dies war besser so. Sie beschwerte sich bei ihrer Kollegin, dass sie es satthat, Swano morgens immer wecken zu müssen. Sie hatte leichte Zuckungen im Gesicht. Es war offensichtlich der weiße Staub, den sie mit ihm konsumierte. Sie war grob. Sie trug mir die Farbe auf mein Haupt, und es spritzte rechts und links. So, als würde ich Strahlen der Erleuchtung haben. Sie wusch mir anschließend den Kopf. Dies gefiel mir sehr. Ich bekomme den Kopf gewaschen von Swanos neuer Freundin. Auch beim Waschen war sie sehr grob, und ich hatte oft Wasser im Gesicht. Es ist okay, dachte ich. Reinige mich, so gut es geht. Ich dachte gleichzeitig, ob sie Swanos Haut auch so grob berührt. Dies wäre zu traurig, und ich verließ diesen Gedanken sehr schnell.

Ich war nun blond. Ich war nun hell. Heller als vorher. Erleuchtet verließ ich den Salon und war dankbar für die Kopfwäsche.

Manchmal tot

Erika ist manchmal voll von innen wie von außen, ich, Erika, bin manchmal voll von außen, bewusst, eine Maske, mal rot, mal mit schwarzer Farbe, meistens habe ich verschiedene Farben auf dem Gesicht, von innen wild, von außen weich. Geister verirren sich in mir. Kreisen, spielen Seilspringen mit meiner Seele und gehen, hinterlassen ein Feld voller Asche und Trümmer. Räumt doch zumindest auf, ihr scheiß Kinder. Sie gehen einfach so, die Geister. Sie sagen nicht hallo, sie sagen nicht tschüss, sie sind unfreundlich und haben kein Benehmen. Aber sie nehmen, was sie kriegen können. Sie nehmen mich für mehrere Minuten, manchmal Stunden. In einem Labyrinth, wo Ariadne den Faden vergessen hat und der rote Faden Spinnweben webt, alleine – es webt und bebt und Spinnen spinnen und ich spinne, Späne springen. Sterne ist ein Fremdwort. Himmel ist die Hölle, und Hölle riecht nach Asche, und ich rauche, und ich verbrenne mich aus Versehen, bewusst, um meine Haut zu riechen, Verbranntes Fleisch, also Leben, manchmal aber tot. Hallo, Herr Charmanti, ich möchte gerne Selbstmord machen. Eigentlich außer sich.

Bewerten – kochendes Wasser brodelt weiter, auch wenn es bewertet wird.

Papa, ich wollte doch schon immer Schwebebalknerin werden.

Ich kann mich einfach nicht an mich gewöhnen.

Die Tatsache, dass ich meine Vergangenheit in mir trage, erschwert die Gegenwart und gibt der Zukunft zu viel Gewicht.

Poren als Atlas

Manchmal frage ich mich, ob ich süchtig bin, süchtig nach der Vergangenheit... Ich denke, ich bin süchtig. Eine Sucht beinhaltet für mich, dass der Inhalt der Sucht nie gesund ausgeht, nie gute Konsequenzen hat. Ich glaub, ich bin süchtig nach der Vergangenheit. Kann die Vergangenheit gut ausgehen? Das ist doch unmöglich. Und das macht mich zur Süchtigen, denn ich liebe das Unmögliche.

Oft nehme ich mir vor aufzuräumen und dann ende ich liegend auf dem Boden und schaue mir stundenlang Fotos an, mache mir traurige Musik an und schaue. Es ist so, als würde ich es eigentlich schon wissen, dass ich Fotos anschauen werde. Es ist nur überraschender, wenn ich es vorher als aufräumen betitele, als wäre spontan was passiert, womit ich nie gerechnet hätte, um dann später zu sagen, wie spannend und abenteuerlich mein Leben doch ist. Ich mag spontane Dinge, denn wenn ich sie plane, fülle ich sie mit zu viel Erwartungen, und es kommt manchmal nichts Gutes bei rum, außer vielleicht eine Enttäuschung. Und um mich vor Enttäuschungen zu schützen, eignete ich mir diese Gewohnheit an, nämlich so wenig wie möglich zu erwarten. Ich liebe es, auf meine eigene Illusion reinzufallen. Denn es ist meine, und die kann mir keiner nehmen, keiner missbrauchen.

Mein Gesicht zeigt mir sehr deutlich, was Sache ist, um genauer zu sein: meine Haut. Um noch genauer zu sein: Unsere Haut zeigt uns ganz genau, was Sache ist. Genauigkeit.

Poren, Poren, Poren. Meine Poren erzählen mir ganz genau, was ich zu tun hab.

Wenn wir Kinder sind, haben wir glatte, weiche, zarte Haut, keine Poren in Sicht. Je länger wir leben, desto größer werden unsere Poren. Sie schreien nach Luft, nach Erleben, nach Leben. Eine Pore kämpft um ihr Leben. Die Poren werden größer, und die Haut schreit: Fülle mich, fülle mich mit Erfahrungen. Gierig und trotzig wachsen die Poren und bohren nach Leben. Als ich meinen Freund, einen goldenen Totenkopf auf meinem Schreibtisch, ansah, Auge in Auge, erblickte ich die Ehrlichkeit und Schönheit dieser toten Knochen, nämlich dass wir alle, alle, alle, alle ohne Ausnahme im Innersten, Tiefsten immer lachen. Ein Totenkopf lacht immer.

Es ist nicht nur ein Lächeln oder Schmunzeln, es ist ein Totlachen. Jeder Totenkopf grinst breit. Unser Lachen wird nur mit einem Vorhang namens Haut bedeckt und verborgen. Das Lachen im Verborgenen war das, was mich am meisten interessierte. An mir. An dir, an uns und an den Tieren, vor allem an den Wüstenfüchsen. Und so auch die Pore, die sich langsam mit den Jahren öffnet, um das verborgene Lachen zu offenbaren.

Der Mann ohne Namen

Drei Monate.

Zügig fahre ich in die Unterwelt.

Vorgestern noch, in der Heimat Erikas namens Athen an orthodoxen Riten teilnehmend, Taufe und heiliges Wasser.

So fahre ich heute in die Arme eines neuen Geliebten in die Unterwelt, des Mannes ohne Namen.

Sohn von Aphrodite, getauft von Hades.

Der Junge ohne Alter und Identität.

Besser so.

Keine Taufe – keine Erwartungen.

Heilige Gewässer.

Er war wie Swano ebenfalls ein Tintenkünstler. Er hatte noch mehr Tinte im Gesicht.

Ich fragte mich zwischenzeitlich, ob ich eine Steigerung Swanos suchte. Egal, was es war. Ich hatte definitiv eine innige Affäre gefunden.

Er war noch ein Wesen in meinem Leben, das definitiv zu den Außerirdischen gehörte.

Er hatte Ohrläppchen wie der Buddha. Seine Haut kontrastierte hervorragend mit meiner. Porzellan. Weißes, zerbrechliches Porzellan. Er hatte geometrische Tätowierungen im Gesicht und über seiner Augenbraue das Wort „Time“ stehen. An genau dieser Stelle stand bei Swano „Illusion“. Besser Zeit als Illusion.

Unromantischerweise meine erste Bekanntschaft aus dem Netz. Es war mir egal, denn wir hatten uns vernetzt und waren in einer Spindel voller Gift, das süchtig machte.

Er hatte eine Art und Weise, mich zu berühren, die mich betäubte. Und ja, ich hatte einiges zu betäuben. Ich denke, er auch. Sonst hätten wir die Sucht nicht akzeptiert.

Er hatte eine gespaltene Zunge, mit der er meine Unter- und Oberlippe umschlang. Auch hier war Gift, Gift – Gegengift tätowierte er uns an Hand und Hüfte.

Es wurde immer heftiger. Tiefer. Wir liebten uns tiefer und tiefer.

Bis jetzt haben wir uns nicht gesagt, dass wir uns lieben. Warum auch? Diese Floskeln sind schon so oft verwendete und oft verschwendete, vergewaltigte Worte, die von zu vielen Mündern als Randnotizen gesprochen wurden.

Wir waren keine Randnotiz. Ich müsste neue Münder kreieren mit einer neuen Sprache, um auszudrücken, was es ist. So viel Tiefe aus dem Nichts. Falle ich hoch?

Ich wusste nicht, was zwischen uns war. Was daraus werde sollte. Wann der Junge wieder nach seinen langen Reisen zurückkehren würde in das Land der Produktion des Staubes, von dem Swano abhängig war.

Sich fragen. Vielleicht ist das schon die Antwort.

Er musste zurück nach Hause. Dieses Weit-weit-weg.

Es war zu weit weg.

Wenn ich wirklich tief in mir liebe, jemanden liebe, dann nicht für mich selbst. Diese Person gehört der Welt.

Wenn ich liebe, teile ich. Ich meine nicht unbedingt Körper und Haut. Ich meine Seelenhaut.

Du hast Flügel, mein Herz, und du kannst immer zu meinen Wurzeln zurück. Immer.

Ich bin am Boden. Und wenn du zurückkommst, dann halte bitte meine Wurzeln und lass mich fliegen.

Halte meine Wurzeln und lass mich. Zieh mich zurück und verbinde unsere Wurzeln, um zusammen zu fliegen. Lass uns bitte, bitte an diesem einen Baum treffen, an dem Baum, an dem Baum der Illusion.

Du brachtest mir bei, wie ich lieben kann.

Ich realisierte, dass ich die Menschen, die ich liebe, loslassen muss, sein lassen, damit sie wachsen können. Damit ich wachsen kann.

Und ich bin hier und lasse meine Wurzeln wachsen, um wieder fliegen zu können.

Time.

Zeit.

Ich fragte ihn, ob wir uns in diesem Leben wiedersehen.

Er wusste es nicht.

Ich wusste, dass er eine Erinnerung ist. Und das ist immerhin ein Zeichen, dass ich lebe.

Meine Narben aus der Vergangenheit schaffen den Hunger der Zukunft.

Er reiste ab, und ich sah ihn nie mehr wieder. Es besuchte mich der unromantische Gedanke, dass alles so intensiv war, weil wir wussten, dass unsere Tage gezählt waren. Wäre es so, wenn er hier gelebt hätte?

Gibt es überhaupt wahre Liebe? Nein, Liebe ist wahr. Ich dachte, dass es keine falsche Liebe geben kann, weil es dann ja keine Liebe sein kann.

Wie oft habe ich eigentlich schon statt „Ich habe Angst, dich zu verlieren“, „Ich liebe dich“, gesagt?

Ein Typ reißt an Gedärmen

Als ich mal verliebt war und im Nachhinein merkte, dass es nur um mich ging.

Toxine.

Wie kann es sein, dass mich etwas so zerreißt?

Es piekst im Solarplexus, und Solar ist untergegangen. Plexus bildet sich um die Gedanken.

Enttäuscht. Eigentlich nur Täuschung ohne Ende.

Was hat mich getäuscht? Ich kann mich nur täuschen, wenn ich erwarte, und das Einzige, was ich tat, war zu erwarten.

Dieser Mann, dem ich begegnet war, empfand nicht das Gleiche für mich. Es fühlte sich an wie damals, als mein Papa nicht zu Hause war und ich auf ihn wartete, obwohl ich wusste, dass er nicht kommen wird. Das tat weh. Meine Eingeweide taten weh, weil ich Angst hatte, dass Papa sterben wird. Dass mein Anker sterben wird. Dass ich mal wieder entgleise.

Also pass mal auf.

Ich fahre von zu Hause in eine andere Stadt und trage mein Zuhause das erste Mal mit in der Brust, im Solarplexus eben, und ich komm wegen dir, und du weißt das, und ich will dir mit allen Sinnen begegnen, und du kommst einmal, ein einziges Mal, und zeigst mir einen Sinn, einen einzigen, und gehst und kommst nicht wieder, obwohl du gesagt hast, dass du kommst, und ich habe zu oft gewartet, auf Väter, auf Mütter, auf mich, auf meine Hoffnung und auf den Wüstenfuchs, und ich will nicht mehr warten, und ich, in dieser fremden Stadt angeblich geschützt von Bären, sitze hier, fahre jetzt zurück nach Hause mit dem Zug, und das Haus tut weh. Aber weißt du was?

Das Haus steht noch. Es tut weh, richtig weh, aber… es steht noch.

Und ich denke an all die Liebschaften, die einst endeten, und ich dachte, dass ich nie wieder was anderes denken werde. Doch heute denke ich anders, obwohl ich dachte, dass es nicht geht. Und ich denke, ich habe es doch so oft geschafft, was anderes zu denken – warum nicht jetzt auch?

Nicht zu denken, dass man weiß, sondern wissen, dass man denkt.

Ich denk dich richtig weg.

Meine Muster waren schwer zu knacken. Wie soll denn ein Schachbrett neu definiert werden? Man hat Jahrzehnte lang auf diesem Schachbrett gespielt, und langsam merkt man, dass schwarz-weiß doch ganz schön brutal ist, und man versucht sich beizubringen, dass die Felder neue Farben brauchen und die Figuren neue Strategien. Das dauert halt etwas.

Spielen ist schön.

Herr Anders entwertet die Fahrkarte

Es kam alles anders.

Wilma. Meine Freundin.

Wir wollten in eine andere Stadt fahren. Das taten wir und fuhren Zug.

Mein Haus war noch anwesend im Solarplexus.

Nur gelegentliche kleine Erdbeben. Ohne Opfer.

Es war gut, dass ich in diese Stadt fuhr, denn der Typ, der einst Gedärme riss, wurde von neuen Erinnerungen ausradiert. Natürlich hinterlässt das Radieren aber seine Spuren auf dem Papier.

Nun.

Wir kamen an.

Wir hatten einen Gastgeber.

Der Gastgeber öffnete die Tür.

Wir aßen.

Wir liefen los und gingen feiern.

Wilma fand auf dem Weg zur Feier ein Brautkleid.

Zu betonen ist, dass diese Feier eine Feier war, bei der der Eintritt die Haut war.

Keine Stoffe außer Drogen.

Doch Wilma zog dieses Brautkleid an. Und sie war die Muse des Abends. Während ich ein langes, schwarzes, elegantes Kleid trug und der Gastgeber der Feiergesellschaft seinen nackten Oberkörper präsentierte, waren alle anderen Gäste entweder mit Lack geschmückt oder eben mit ihrer eigenen Haut. Würde man die Schminke aller Gäste an dem Abend auswringen, hätte man ein Meer voll Farbe.

Statt des Meeres befand sich in dem Saal der Sünden ein Schwimmbecken, geschmückt mit einer Schaukel. Wilma saß am Rand des Beckens und sagte, sie müsse aus ihrer Komfortzone raus.

Am Rande des Beckens alles voller Sündenböcke.

Sie zog das Brautkleid aus, behielt den Schleier an und sprang ins eiskalte Wasser. Großer Applaus und Euphorie brachen aus.

Wilma war an dem Abend sowieso was Erleuchtetes. Magnetisch. Unmöglich, sie nicht anzuschauen. Wilma war eine gute Freundin von mir.

Als sie auftauchte und sich die Haare nach hinten wischte, wurde sie von allen bewundert, und da, wo einst Jesus Spuren hinterließ, taten es nun ein Schleier und die wippende Schaukel, auf der sie nun spielte.

In diesem Moment, kann man sagen, fand der Gastgeber wahrscheinlich endgültig an der Braut Gefallen. Wenig später vereinten sich die Münder der Braut und des Gastgebers.

Erika freute sich, zog sich nackt aus und tanzte auf roten Stiefeln, mit dem nassen Schleier der Braut umhüllt. Es dauerte nur wenige Momente, bis der Schleier trocken getanzt war.

Wir waren nun endgültig in der Ekstase angekommen. Da der Gastgeber sich ekstatische Substanzen zugeführt hatte, liebte er plötzlich alle Gäste von Herzen. Auch mich liebte er. Er küsste mich und schaute während der ekstatischen Tänze zu der Braut Wilma rüber. Es schien wohl in Ordnung zu sein. Nun gut. Wir küssten uns. Jeder und jede küsste jede und jeden, und Finger wurden in kleinen und größeren Höhlen versteckt. Überall Verkehr.

Die Braut Wilma wurde müde, und nachdem eine der Damen des Abends Erika erzählte, dass sie eine Stunde ohne Sauerstoff leben kann, baten Wilma und ich den Gastgeber, uns nach Hause zu fahren.

Angekommen.

Treppen hoch.

Wilma und ich kicherten. Der Gastgeber hatte die längsten Beine, somit kam er als Erster in den 7. Stock. Auf

Treppe Nummer 21 realisierte ich, dass sie noch unglaublich erregt waren von der ekstatischen Nacht.

Es sollte weitergehen.

Wilma ging duschen.

Der Gastgeber küsste mich mit all seinem Körper, und Wilma sah zu. Sie sagte, wir sollen ruhig.

Es folgte eine Konstellation von Verkehr.

Er war wirklich ein außerordentlich netter Gastgeber.

Während ich trocknete, blieb Wilma mit dem Gastgeber, und es war genau richtig so, denn die beiden sollten, wie ich fand, sich öfters die Poren füllen.

Ich war okay.

Nun.

Jetzt.

Ich schlief immer sehr viel.

Aufgewacht.

Wir mussten wieder nach Hause fahren.

Zeit wieder, Mütter von Wüstenfüchsen und Erdmännchen zu sein.

Rückfahrt.

Schönes Wochenende.

Ticket.

Der Schaffner.

Er kam, sah und entwertete.

Ich sah sein Namensschild.

Herr Anders.

Mal wieder ein guter Moment für mich zu weinen.

Endlich.

Ich sitze im Zug, um zu reisen. Ich kenne Start und Ziel. Doch dann kommt Herr Anders und entwertet das Ticket.

Alles anders. Wie immer.

Immer anders.

Wilma und ich kicherten wieder.

Sehr gut angekommen und gekommen.

Ach ja.

An dieser Stelle möchte ich mich bei dem Schaffner Herrn Anders bedanken.

Anders ist halt aufregender.

TEIL III

ANKUNFT

Wie der Junge zum Wüstenfuchs wurde

Mein Sohn sucht mit seinen Fingern nach Wörtern in meinem Mund. All die Wörter, die ich ihm sagen will, dazu fehlen mir die Münder. Die Schublade mit den Wörtern im Mund. Warum kann ich ihm nicht ein paar Schubladen geben. Ich verzichte gerne auf meinen Mund.

(Kapitel aus emotionalen Gründen abgebrochen.)

Wüstenfuchs in der Stadt, oder: mein Sohn mit frühkindlichem Autismus
(Zweiter Versuch.)

Geburtstag meines Sohnes. Weltfrauentag.

Ich habe manchmal Angst, dass mein Wüstenfuchs sich in der Stadt verirrt. Denn, wenn ich etwas ganz innig liebe, dann ist es dieser Wüstenfuchs.

Er war wie ein Findefuchs. Er hat die Wüste verlassen, weil er ein neugieriger Fuchs war. Er zog aus von seiner Wüste, weit, weit entfernt, um mich zu finden.

Ich bin mir sicher, dass die Reise aufregend und angsterregend und gefährlich war, denn als ich den Wüstenfuchs eines Tages, genauer gesagt am 8. März des Jahres 2012, auf meinem Schoß fand, war er nackt, fast erfroren und verängstigt. Ich liebte ihn sofort, nahm ihn in den Arm, hegte und pflegte ihn. Wir wurden eins.

Zum Glück hatte ich noch meinen damaligen Ehemann, das Walross, ein zahmes Exemplar mit dicker Haut und gutem Herz. Das Walross pflegte den Wüstenfuchs so liebevoll, es schenkte ihm Wärme und war sein Fels. (Walrosse denken von sich, dass sie nichts können, man muss ihnen das nur oft genug sagen.)

Der Wüstenfuchs war so leise, dass ich oft das ganze Haus durchsuchen musste, um ihn zu finden. Er versteckte sich zwischen Gegenständen oder lag unter dem Bett. Manchmal suchte er alle Decken und Kissen des Hauses und baute sich daraus eine Höhle. Oder schaute stundenlang aus dem Fenster. Einfach so. Sah zu, wie die Zweige auf der Luft Klavier spielten.

Oft glaubte ich, der Wüstenfuchs wisse mehr als ich selbst. Als alle anderen. Er schaute immer so weise. Ich wünschte mir so sehr, dass der Wüstenfuchs sprechen möge, denn ich wollte hören, ob er sich gut fühlte, was er brauchte, wenn er schrie, ob er sich liebte, ob er mich liebte, ob ich eine gute Wüstenfuchsmama war. Ob ich ihm genug war.

Sprich zu mir, mein Junge, bitte, sprich zu mir, dachte ich.

Aber ich kam schnell zu dem Schluss, dass ich von einem Wüstenfuchs nicht verlangen konnte, dass er die irdische Sprache spricht. Schließlich verlangte er ja auch nicht, dass ich in die Wüste ziehe und Wüstenfuchsländisch spreche oder Skarabäen jage. Ein Mensch fängt doch an zu verdursten und zu halluzinieren in der Wüste.

Der Wüstenfuchs war flink. Walrosse wiederum, abgesehen von der offensichtlichen Tatsache, dass sie ganz schön viel Masse mit sich herumschleppen, sind herzlich und warm und genießen die Ruhe, die Unbeweglichkeit.

Dieser wilde, kleine Wüstenfuchs war für das Walross genau die richtige Abwechslung: Er war sprunghaft, verspielt, klein und drahtig, frech, manchmal viel zu laut, manchmal viel zu leise. Manchmal war es einfach am besten, den Wüstenfuchs Wüstenfuchs sein zu lassen.

Für das, was er war, machte er sich ganz prächtig in dieser Stadt. Ich weiß nicht, wie lange ich es in seiner Wüste ausgehalten hätte, aber ganz sicher hätten die Milliarden von Sandkörnern mich irgendwann begraben. Ich wäre selbst zu Sand geworden, der dann den nächsten

Menschen, der sich in der Wüste verirrte, wieder begrub. Dieser Wüstenfuchs hatte aber einen Plan. Er kam willentlich in die Stadt, zu mir, zum Walross und um hier zu leben, weil es in der Wüste wahrscheinlich zu einsam war.

Es gab Tage, da ich den Wüstenfuchs ansah und nicht wusste, wie ich ihm helfen sollte. Er wurde erst mit zwei Jahren wirklich zum Wüstenfuchs. Einfach so. Plötzlich. Walross und ich kannten bis dahin ein Kind, welches viel von Tieren erzählte: „Hinter dem Busch ist ein Tiger. Ein Krokodil hinterm Baum. Kuh. Igel. Grüffelo."

Makiko, das war der Bagger.

Es sprach und spielte gerne mit anderen Kindern, konnte sagen, dass es Futter wolle, und wenn es Durst hatte, redete es und sagte „Mama". Es sagte damals Mama. Mama! Es rief mich.

Ich habe meinen Mama-Namen seit Jahren nicht gehört. Weil er aufhörte zu sprechen. Einfach so. Plötzlich. Innerhalb weniger Wochen kehrte sich der Wüstenfuchs ganz in sich. Hörte auf zu sprechen und fing an, zu kreischen; hörte auf zu lachen und von Tieren zu erzählen; hörte auf, mit anderen Welpen zu spielen. Schrie stattdessen. Aber kein normales Schreien. Ein Schreien, bei dem es um Leben und Tod ging. Als würde ein Schwein geschlachtet.

Der Schrei eines frühkindlichen Autisten ist anders. Er ist nicht nur laut, er ist tief und tut weh. Geht durch Mark und Bein. Und das Schlimmste daran ist, dass er dir nicht sagen kann, warum er schreit.

„Was ist los? Was ist passiert? Was tut dir weh? Wo hast du Schmerzen?", Fragen, die nicht mehr beantwortet werden können. Einfach nur Schreie.

Und wenn es richtig schlimm wurde, rupfte er sich die Haare aus. Schlug seinen Kopf gegen die Wand und boxte sich an die Schläfen. Man musste einfach mitansehen, wie der Fuchs litt, fast verging vor Schmerzen, und konnte nichts tun. Nichts. Man durfte nur danebensitzen und schauen.

Geduld.

Alles wird gut.

Geduld.

Alles wird gut.

Ich bin bei dir.

Ich bin hier.

Dir kann nichts passieren.

Ich durfte ihn auch nicht berühren. An die Stelle, wo ich streichelte, boxte er sich anschließend vehement. Meine Zuneigung tat ihm weh. Also saß ich einfach daneben, manchmal lag ich auch. Manchmal stundenlang.

Ganz selten kamen plötzlich Worte vom Wüstenfuchs. Ich erinnere mich sehr gut daran, als er einmal neben mir malte mit Wachsmalstiften. Nun, er malte nicht wirklich. Er sortierte die Stifte. Nahm sie raus und sortierte sie wieder ein. Das konnte sehr lange gehen. Ich saß mit ihm am Tisch, legte meinen Kopf in die Hand und sah ihn einfach an. In meinem Kopf schossen Fragen wie Blitze herum.

Was ist passiert? Wer bist du, mein Kind? Geht es dir gut? Warum hast du aufgehört zu sprechen? Hast du Schmerzen? Was wird aus dir? Wie viele Ärzte müssen wir besuchen, bis wir verstehen, was dir widerfahren ist? Was wird, wenn du groß wirst? Ich hörte die Stimme meiner Mutter im Déjà-vu: „Dein Kind soll dir eine Strafe werden!“

Was wird, wenn Mama und Papa sterben? Musst du in ein Heim? Sprich mit mir, mein Junge. Sprich mit mir. Bitte. Sprich mit mir.

„Frau Erika, Sie müssen akzeptieren, dass Sie ein behindertes Kind haben. Die Prognosen für seine Entwicklung sehen nur bedingt gut aus. Er wird nicht selbstständig leben können. Er wird auch wahrscheinlich nicht eigenständig auf Klo gehen können und eine Vollzeitbetreuung brauchen. Er hat kein Gespür für Gefahren und eine starke Weglauftendenz. Er wird im Kopf auf dem Stand des frühkindlichen Alters bleiben. Ihr Sohn hat frühkindlichen Autismus."

Der Wüstenfuchs besaß jetzt einen Schwerbehindertenausweis. Ein sehr langes, deutsches Wort. Ich schämte mich, dass ich manchmal dachte: „Bitte reparieren Sie mein Kind."

Aber war das noch mein Kind? Musste ich um das alte trauern, weil ich ein neues hatte? Eben einen Wüstenfuchs?

Ich fing an, vor ihm zu weinen, während er seine Wachsmalstifte ordnete. Es tat weh. Schmerzhaftes Weinen. Während er den letzten Stift in die Metallbox packte, hörte ich: „Lass das mal meine Sorge sein."

Was? Was? Was?

Der Wüstenfuchs sagte diesen einen Satz und tauchte dann wieder ab in seine Welt. Aber ich hatte es definitiv gehört. Er hatte einfach kurz gesprochen und war dann wieder verschwunden in sich. Ich fing an zu schluchzen und verließ das Zimmer. Ich weinte allein im Bad. Meine Augen taten weh. Die Tränen waren heiß, versalzen, meine Wangen brannten.

Er war so klein.

Vielleicht geschah doch noch ein Wunder.

Nach langer Recherche, nach vielem Fragen Stellen und Schuldige Suchen – auch das Schicksal klagte ich an –, nach Phasen von Mitleid und Selbstmitleid realisierte ich langsam, dass das Wunder bereits geschehen war. Ich war Mama dieses Kindes. Das war ein Wunder. Das war das Wunder.

Schwierig war oft nicht der Wüstenfuchs selbst, sondern die Menschen um ihn herum waren es, die nicht wussten, wie sie mit ihm umgehen sollten oder mir als Mama wohlgemeinte Tipps und „Lösungsvorschläge" gaben. Ich ging oft mit ihm spazieren, und unsere Ausflüge endeten immer in einer Pommesbude in Bremen-Walle. Die Verkäuferin kannte uns mittlerweile.

„Einmal Pommes ohne alles?"

„Genau."

Der Wüstenfuchs saß immer am selben Tisch, und wenn dieser besetzt war, versuchte er, die anderen Menschen von ihren Stühlen zu schubsen.

„Darf ich Ihnen eine Frage stellen?", sagte die Pommes-Verkäuferin.

Ich ahnte nichts Gutes.

„Warum ist Ihr Kind so?"

Dem Wüstenfuchs sah man seine Behinderung erstmal nicht an: Auch seinen Schwerbehindertenausweis trug er nicht auf der Stirn. Man erwartete also, ein ganz normales Kind vor sich zu haben, das süß antworten würde, wenn man nach seinem Namen fragte.

„Wie meinen Sie das?", erwiderte ich.

„Naja, er ist so… ich weiß nicht. Er ist manchmal so komisch. Er wird so schnell sauer und schreit, wenn eine Pommes runterfällt."

Damals hatte ich immer das Gefühl, mich für meinen Sohn rechtfertigen und jedem erzählen zu müssen, warum er anders war als andere Kinder.

„Wissen Sie, mein Sohn hat Autismus."

Ehe ich fortfahren konnte, unterbrach mich die Frau:

„Ah! Ja! Ich weiß! Das ist dieses Engetelente, nä?"

„Wie bitte?"

„Dieses Engetelente? Wo die Kinder ganz schlau sind und im Flugzeug sitzen und die ganze Stadt dann abzeichnen können. Habe ich mal in einer Reportage gesehen."

„Meinen Sie intelligent?"

„Ja, engetelente."

„Also, Autismus ist nicht gleich Autismus, wissen Sie. Es gibt sehr viele verschiedenen Formen von Autismus.

Deshalb heißt es eigentlich auch Autismus-Spektrum-Störung."

„Genau, Spektrum. Kann er auch so gut Mathe?"

„Nein. Das, was Sie meinen, geht mehr in die Richtung Asperger-Syndrom, oder Inselbegabung, das ist zum Beispiel anders als frühkindlicher Autismus."

„Ach so. Die haben auch Autisten gezeigt, die in einer ganz großen Firma arbeiten, weil die so gut mit Computern können. Spielt er auch schon mit Computern?"

„Wissen Sie, wir sind gerade eher damit beschäftigt, ihm ein paar Wörter beizubringen, weil er nicht sprechen kann."

„Aber er hat doch vorhin was gesagt."

„Nicht wirklich, das nennt sich Lautieren. Er benutzt Sprache noch nicht kontextgebunden."

„Ja, ja, die meinten auch in der Doku, dass diese Menschen einem nicht in die Augen gucken können, aber ihr Sohn hat mir schon ganz oft in die Augen geguckt."

„Das macht er auch. Das ist bei jedem anders."

Der Wüstenfuchs zuppelte an seiner Hose, um seine Windel zu richten.

„Trägt er noch Windeln? Du bist doch schon ein großer Junge! Du musst aufs Klo gehen. Keine Windel mehr. Windel ist bäh. Kaka. Stinkt."

Die Frau fing an, komische Bewegungen zu machen, so eine Art Zeichensprache.

„Er versteht alles, was Sie sagen, er kann nur nicht antworten. Beziehungsweise er antwortet auf seine Art und Weise."

Die Frau pfiff ihn an: „Ey, hier! Guck mal!"

Ich war froh, dass der Wüstenfuchs mit seinen Pommes fast fertig war. Ich wollte hier raus, auch, weil meine Haare mit jeder Sekunde mehr Frittierfett aufnahmen.

„Bis zum nächsten Mal und alles Gute! Es ist echt supertraurig, weil er eigentlich so ein schöner Junge ist. Zum Glück sieht man ihm seine Behinderung ja nicht an!"

Wie ein Hampelmann winkte sie dem Wüstenfuchs zum Abschied.

Auf dem Heimweg saß in der Straßenbahn eine junge Frau neben uns, die uns aufmerksam musterte.

„Wie heißt du denn, Kleiner?"

Ich hatte keine Kraft mehr, wieder die Autismus-Kassette abzuspulen. Ich war müde und wollte nur nach Hause.

„Hallo?"

Wüstenfuchs schaute nach wie vor aus dem Fenster und ließ sich nicht stören.

„Na, da hat aber jemand schlechte Laune, das ist aber unfreundlich, dass du mir deinen Namen nicht verrätst und mich nicht mal anschaust."

Ich wurde ungeduldig: „Er hat Autismus."

„Ah, das habe ich mir schon gedacht, dass er was hat. Aber Autismus geht ja auch weg."

„Nein, Autismus geht nicht weg. Das ist eine chronische, schwerwiegende Entwicklungsstörung."

„Nee, nee, der Cousin von einer Freundin von mir hatte das auch, und das war dann mit zwölf oder so weg. Als der Junge in die Pubertät kam, war das weg."

„Hören Sie, vielleicht verwechseln Sie ja Autismus mit Angina, aber Autismus geht nicht einfach so weg."

Sie beugte sich zu ihm nieder.

„Och Bibi, das tut mir aber leid für dich. Armes kleines Baby."

„Er ist sieben."

„Och Mann, das tut mir so leid für Sie. Was für ein Schicksal!"

Sie streichelte ihm über den Kopf. Damals konnte er es nicht ausstehen, wenn ihn jemand anfasste. Er schlug der Frau mit der flachen Hand ins Gesicht.

„Sag mal, das geht aber nicht!"

„Entschuldigung, das meint er nicht so, wissen Sie, das passiert, wenn man ihn anfasst, dann hat er so was wie Schmerzen."

„Bei dem Cousin von meiner Freundin war das nicht so. Vielleicht sollten Sie mal was an Ihrer Erziehung ändern."

Sie stand auf und ging schnaufend fort. Ich verdrückte eine Träne der Verzweiflung und wischte mir mit dem Ärmel über die Augen.

Kurz vor unserem Haus winkte mir wieder jemand von weitem zu: „Erika! Wie geht es dir? Ich hab euch so lange nicht mehr beim Kinderturnen gesehen!"

Auch das noch. Die Turnlehrerin vom Wüstenfuchs. Wir hatten uns eigentlich abgemeldet, weil er so oft schreiend aus der Turnhalle gerannt war, denn er ertrug den Lärm nicht mehr. Ich versuchte ihr mit wenigen Worten zu erklären, warum wir nicht mehr kommen könnten und dass sich vieles geändert habe.

„Aber es war doch alles ganz normal?"

„Hör mal, nimm mir das nicht übel, aber ich hab heute schon sehr oft darüber gesprochen und bin unglaublich erschöpft."

„Ich hatte ganz schlimm Rheuma", sagte die Turnlehrerin, als hätte ich nichts gesagt. Ich atmete tief durch.

„Ich habe eine Methode gefunden, die heilt. Die wird auch euch helfen."

„Schau, das ist nicht…"

„Doch, doch, pass mal auf. Das ist eine Atemtechnik. Du kannst durch stundenlanges Reinatmen in den Schmerz alles Schlechte rausatmen. Auch Autismus."

„Aber er hat keine Schmerzen. Das ist…"

„Glaub mir, das ist eine tiefgreifende bewiesene Methode. Die Schulärzte lachen darüber, aber die haben sowieso keine Ahnung, diese Schulmediziner."

Um nicht zu schreien, lachte ich. Ich dachte: Halt die Schnauze, halt die Fresse, geh in dein scheiß Zuhause und atme dich selber weg und lass mich in Ruhe mit deinem Algen-Mundgeruch. Du raubst mir den SAUERSTOFF!

Sie fuhr fort: „Die Leute lassen sich aber nicht helfen. Das ist doch total behindert."

Jetzt konnte ich nicht mehr: „Behindert ist kein Schimpfwort!"

„Nein, das meine ich ja auch nicht so…"

„Doch, das meinst du genauso. Du hast das Wort behindert als abfällige Bezeichnung benutzt, um Menschen schlechtzureden und sie als dumm zu bezeichnen. Die Einzige, die mich gerad behindert, bist du mit deiner beschissenen Atemtechnik!"

„Ach ja? Wer stigmatisiert sein Kind denn mit der Diagnose Autismus? Ich darf doch selber entscheiden, wie ich dein Kind sehe!"

„Warum ist Autismus ein Stigma? Warum ist es ein Stigma, behindert zu sein?"

„Lass dich doch von den Schulmedizinern nicht so einschüchtern! Die suchen für alles eine Diagnose, und die Pharmaindustrie profitiert am Ende davon."

„Wir gehen jetzt heim. Der Kleine hat Hunger."

„Erika, probiere es aus. Du hast nichts zu verlieren." Sie zwinkerte mir zu und zeigte mir den Daumen nach oben. Mein innerer Stinkefinger winkte freundlich zurück.

Endlich zu Hause. Endlich Ruhe.

Der Wüstenfuchs zog sich nackt aus, weil er die Kleidung auf seiner Haut nicht mehr ertrug. Er fiel mir in die Arme. Mehrere Minuten lang atmeten wir uns in unsere Nacken. Ein und aus, ein und aus. War ich froh, dass der Wüstenfuchs so war, wie er war – perfekt.

„Ich liebe dich", flüsterte ich. Ich spürte, wie seine Lippen in meinem Nacken ein Wort formten:

„Dich."

Zwischendurch in der Straßenbahn 1.0

In der Bahn.

Babyschrei.

Todesangst und Lärm. Alk und Benzos. Benzos und Alk. Wille nach Stille und Lebenslust. Leichtigkeit und Wohlbefinden.

Unruhe. Unruhe. Keine Ruhe, keine Stille, kein Wille, keine Liebe, kein gelassen, nur verlassen.

Babygeschrei.

Warten muss ich.

Ich bin mit dem Leben verheiratet, und Trauzeuge ist der Tod. Gelegentliche Affären mit dem Tod. Heiße Nächte mit Schweiß und Ejakulat von oben bis unten, innen und außen – von innen nach außen kommend und nicht wieder zu sich kommend. Auf der Strecke bleibend.

Auf der Suche nach ausgeglichenen Gesichtern hab ich meine Angst vor langweiligen Menschen entdeckt. Angst macht manchmal arrogant. Wahrscheinlich sehe ich arrogant aus, wenn ich Angst habe.

Zwischendurch Radio.

Wie absurd ist eigentlich dieses Radio? Hat sich noch nie jemand darüber beschwert? Ich höre über Tote, Zahlen, Mörder, Blut und Terror, und einen Augenblick später höre ich „Macarena". Und du beschwerst dich über das Wetter?

Auf der Suche nach Fehlern kreiere ich einen. Manchmal suche ich wie süchtig danach. Einfach so kann ich mühelos die Spirale nach unten tanzen. Besser eine schlechte Gewohnheit als gar keine Gewohnheit. Immerhin wohnt man dann irgendwo.

Außer dem Verkehr verkehrt noch überall Geschlechtsverkehr. Jeder einzelne Mensch, der hier steht, der hier an der Bahnhaltestelle steht, wurde durch Geschlechtsverkehr erschaffen, und wenn nicht durch Geschlechtsverkehr, dann zumindest durch Ejakulat, durch irgendwas, das floss. Wenn man sich mal die bedrückten, melancholischen Gesichter anschauen und mit einem Knopfdruck die Laute der jeweiligen Zeugung wiedergeben könnte, dann gäbe es entweder eine peinliche Stille oder ein lautes Gelächter. Auf Anhieb eine Stimmorgie einspielen in einer vollen, stillen, betrübten Bahn und sich dann mal vorstellen, dass jeder Mensch, egal wie böse und angsteinflößend er erscheint, mal ein Kind war. Ein kleines, süßes, heranwachsendes Kindchen, dass mal ein zartes Stimmchen hatte. Wackelzähne. Und wieder wünschte ich mir, dass man auf Anhieb alle mir angsteinflößenden Massenmomente, alle Menschen wieder in Kinder verwandeln könnte. Außer mich. Mich bitte nicht. Lasst mich alt werden. Ich habe mich als Kind noch mehr gefürchtet als heute.

Zwischendurch in der Straßenbahn 2.0

Gedanken vor einer Panikattacke

Straßenbahn.

Es gucken auch die, die wegen was anderem nicht angeguckt werden wollen.

Ich drehte mich zweimal um, um zu realisieren, dass die kleine, zierliche Frau ein Mann war. Man schaute mich an, als mein autistisches Kind sich schreiend auf den Boden legte, weil er einen anderen Weg gehen wollte. Die Wege durften nur die gleichen sein, sonst bekam er Angst. Die Frau im Rollstuhl schüttelte den Kopf, verzogen sei der Kleine, und eine andere Frau fragte sie, ob sie ihr behilflich sein könne, woraufhin die Frau im Rollstuhl antwortete „Hab ich Sie danach gefragt, oder was?"

Die Frau im Rollstuhl will nicht die Frau im Rollstuhl genannt werden, weil der Rollstuhl nur ein Fortbewegungsmittel ist und nicht ihre Identität.

Die Straßenbahntür geht auf. Ich biete einem älteren Herrn meinen Sitzplatz an, worauf er eitel und verärgert antwortet, dass er nicht darum gebeten hat, während einen Waggon weiter eine Frau schreit, dass alle asozial sind und nur noch auf ihre Smartphones schauen würden.

Eine Frau schubst mein Kind, weil es während des Sitzens wohl mit seinem Ellenbogen ihren Kopf gestreift hätte. Sie schreit mich an, dass ich mein Kind nicht im Griff und ihren Chihuahua fürchterlich erschreckt hätte. Um uns herum sechs Menschen, die Kopfhörer tragen. Keiner sieht den Schubser. Eine Frau will nicht Frau genannt werden, weil sie sich nicht durch ihr Geschlecht identifizieren will.

Ein Geflüchteter wird nach seiner Identität gefragt. Keine Identität auf Papier. Kommen Sie mit aufs Revier.

Ein Hund markiert sein Revier an meinen Schuhen, während mein Kind mit seiner Spucke Käsekästchen an der Fensterscheibe malt. Bakterien. Ein Mann mit Mundschutz betritt die Bahn.

„Er hat sicher eine Bakterienphobie wie alle Chinesen", tuscheln zwei Andere.

Der maskierte Mann hört die Tuschelei.

„Ich will sie nur nicht anstecken, Madame!"

Es fliegt ein geschlechtsloses Wesen in Menschengröße in die Bahn und fliegt hin und her. Das sei doch nicht zu fassen, eine Frechheit sei das, irre sei das, die werden immer verrückter. Ich glaube, ich fing an zu dissoziieren. Ein fliegender Mensch in meinem verrückten Kopf gilt als verrückt, wird nicht geduldet, während ein Mann mit einem Toupet einen nigerianischen Mann, der in seiner Muttersprache telefoniert, anpöbelt, er solle erstmal Deutsch lernen. Ich mache ihn drauf aufmerksam, dass er mit seinem braunen Müll abhauen soll. Ich versuche mich zu erinnern, was die Hauptstadt von Nigeria ist, nämlich nicht Lagos. Accra. Nein. Das ist Ghana. Von Togo ist es Lomé, von Liberia ist es Monrovia. Liberia – „Liberian Girl" ist mein Lieblingslied von Michael Jackson. Abuja ist die offizielle Hauptstadt! Okay, mein Gedächtnis funktioniert noch einigermaßen.

Es rasen tausend Gedanken gleichzeitig in meinem Kopf, und ich befinde mich zwischen den Welten. Ich habe konstante Flashbacks und tröste gleichzeitig meinen kleinen Jungen, der Angst hat und schreit.

Meine Sinne laufen alle auf voller Lautstärke. Jedes Licht tut mir weh, jeder Blick anderer ist wie ein Messer, dass mir in die Augen gerammt wird. Jede Stimme ist ein Tinnitus.

Es ist Zeit, in die Tasche zu greifen und die zerbröselten Überreste meiner Benzos einzunehmen. Knochenmehl. Für das Gerüst.

Ich hab doch schon so lange nichts mehr eingenommen, verdammt. Die nächste Haltestelle kann aufgrund einer Baustelle nicht bedient werden. Mein Kind wird gleich sehr laut schreien, weil es schon wieder eine Änderung geben wird.

Überreizt. Benzo-Wirkung lässt auf sich warten. Ich nehme ihn in den Arm. Ich trage ihn samt dem Kinderwagen aus der Bahn raus. Er schreit und ist schwer. Er tritt mich, und der Uringestank des Hundes zieht an meiner Hose hoch. In meinem Urin werden die Benzos ungefähr noch fünf Tage lang nachzuweisen sein.

Ich halte mein Kind, damit wir heile nach Hause kommen.

Wir kommen an.

An geht das Licht.

Der Tag hat gerade erst angefangen.

Karin

Heute früh fuhr ich mit dem Wüstenfuchs zum Kindergarten. Der Wüstenfuchs saß in einem so genannten Buggy, auch Kinderwagen genannt. Ich komme so besser mit ihm voran, da ich ihn anschnallen kann. Wüstenfüchse hauen gerne ab. Rennen davon. So war ich auf der sicheren Seite und der Wüstenfuchs auch.

Ich stieg mit dem Wüstenfuchs also in die Bahn, und eine große, blonde Frau setzte sich neben uns. Sie hatte ganz trockene Lippen. Irgendetwas passte nicht zum Bild. Ihre Kleidung war teuer, ihr Geruch eher billig. Ihre Schuhe waren stabil, der Boden auf dem sie ging, labil. Ihr Rucksack war einer von den qualitativ norddeutschen, teuren Stücken, der Inhalt mir unbekannt, aber irgendetwas ließ mich diese Frau anstarren.

Der Wüstenfuchs hatte die Angewohnheit, in vollen, stillen Bahnen auf einmal laut zu lachen. Nur einmal kurz. Es war mehr eine Imitation von Lachen, als ob er versuchte, die Menschen nachzumachen. Die Menschen reagierten immer sehr irritiert auf diese Imitation. Auch die große, blonde Frau hob ihr Gesicht, um zu schauen, was dies für Laute waren. Ihr Gesicht war vertrocknet, ihre Hände zitterig und ihr Blick flimmernd.

Ich erkannte sofort diesen Blick. Ich sah mich dort sitzen. Rastlos, ANGST, zu viele Stimmen, zu viel zu viel zu viel zu viel zu viel zu viel zu viel zu viel zu viel zu viel zu viel zu viel zu viel zu viel zu viel zu viel zu viel. 17 Mal zu viel. Sie hielt mit der einen Hand ihren teuren Rucksack und mit der anderen ihr Gesicht und weinte. Ich fing an, meine Hände zu reiben, damit ich ihr gleich meine warme Hand reichen konnte. Ich kniete nieder und berührte vorsichtig ihre Hand.

„Kann ich was für Sie tun?"

Sie blickte mir direkt in die Augen.

„Danke, das tut gut."

Ich hielt ihre Hand fest.

Ja, tatsächlich fühlte es sich gut an.

„Danke, dass Sie das machen, bleiben Sie einfach hier."

„Ich bin hier."

Hand, Hand, warm – Wüstenfuchslaute.

„Wo müssen Sie denn aussteigen?", fragte ich.

„In fünf Haltestellen, Walle. Grenzstraße", antwortete sie und schaute mir tief dankbar in die Augen.

Sie fing an zu reden:

„Ich bin psychisch krank, aber ich gehe gut damit um. Es ist gerade zu viel in meinem Kopf, und ich krieg Angst und höre Stimmen, und in mir ist Krieg. Ich hatte mein Leben mal im Griff, ich hab zweimal studiert, ich habe ein Haus abbezahlt, aber dann bin krank geworden. Früher hat man mir gesagt, dass, wenn ich Panik kriege in öffentlichen Plätzen, dass ich achtsam sein soll, mich auf etwas fokussieren soll, auf meine Symptome achten soll und sie einfach nur beobachten soll. Ich hab das immer gemacht, und heute habe ich einen Artikel in der Zeitung gelesen, dass das gar nicht so gut ist, wenn man Angst hat, sich zu fokussieren, sondern man soll loslassen und sich ablenken, und jetzt weiß ich gar nicht, was ich machen soll und bin völlig durcheinander"

Ich fühlte mit.

„Wie heißen Sie?"

„Ich bin Karin, du kannst mich duzen"

„Hallo Karin, ich bin Erika. Vielleicht denkst du, du bist alleine in dieser vollen Bahn, aber ich habe dich gesehen und du bist nicht alleine, ich bin hier."

„Das tut gut mit der Hand, Erika, schade, dass wir aussteigen müssen."

„Kommst du noch gut nach Hause, Karin?"

„Ja, ich wohne nicht weit weg, ich schaff das, das ist normal."

„In Ordnung, Karin."

Wir stiegen aus und umarmten uns ganz fest. Warm. Wüstenfuchs. Sie bedankte sich und lief in die andere Richtung.

Wie oft sitze ich dort, hier, da drüben, überall und fühle mich alleine, manchmal will ich das, das Alleinsein. Manchmal gar nicht, und ich habe mir vorgenommen, immer, wenn ich anfange, Stimmen zu hören, mir Karin vorzustellen, wie ich ihre Hand halte, wie sie meine hält.

Haltestelle Halt.

Taschenuhr

Ich fuhr mit der Tram.

Mit dem Wüstenfuchs. Es war voll. Zwei Heroinabhängige saßen im Abteil. Der eine von den beiden bot mir gleich seinen Sitzplatz an. Ein sehr netter Mann. Sicher war der andere Mann auch sehr nett, doch er war im Rausch seiner heroischen Substanz. Er tanzte von innen. Von außen schlief er. Zwischendurch hob er seinen Kopf. Augen geschlossen. Er sank wieder in Zeitlupe nach unten.

Er hielt in seiner Hand eine goldene Taschenuhr, die aufgeklappt war. Sein Körper war schlaff, doch die Hände hielten die Taschenuhr fest. Sehr sanft und kümmernd, als würde er einen Säugling tragen. Ich fing an zu weinen. Es berührte mich, dass dieser Mann seine goldene Zeit in der Hand hielt. Ich stellte mir vor, dass es vielleicht sein letztes, wertvolles Stück war, seine letzte wertvolle Zeit. Und der Gedanke daran, dass er diese Zeit vielleicht verkaufen würde für eine heroische Substanz, machte mich endlos traurig. Es war offensichtlich, dass er diese goldene Zeit liebte, doch war er machtlos. Er musste seinen Säugling abgeben.

Was würde dann passieren, wenn er seine Zeit verkauft hat? Reist er zeitlos ins Jenseits? Wer wird ihn als Säugling tragen? Wurde er vielleicht nicht ertragen und erträgt er deswegen seine Zeit nicht? Wird er vielleicht seine Zeit pfänden? Zurückholen, wenn er kann? Warum kann ich diesen Mann jetzt nicht einfach in den Arm nehmen und seine Taschenuhr in seiner Nachtkommode verstecken und ihn zum Schlaf wiegen?

Und wer wird Käufer seiner Zeit sein?

Achtung. Nächster Halt auf der Fahrbahn.

Kirmes

Hast du schon mal einen Falken schreien hören?

Ich habe es heute getan. Mit einem Freund, der im Rollstuhl sitzt, keine Arme, dafür Flügel, kein linkes Bein dafür einen Anker.

Wir rollten durch die Kirmes, und in einem wilden Karussell saßen Menschen, die durch die Lüfte geschleudert wurden. Sie kreischten wie Falken, kreischten nach Freiheit und Luft in der Wildnis der bezahlbaren Abenteuer und des geliehenen Vergnügens. Sie kreischten nach Freiheit – nach kostenloser Luft und nach kostenlosem Glück. Besitzen.

Es wird geschossen, um zu gewinnen. Es wird gezielt, um zu erleben. Es wird bezahlt, um zu gewinnen. Und der Versuch endet im Verlust der Sinne und Geldbörsen, mit Alkoholfluss als Blut.

An einem Platz, an den gegangen wird, wird temporäres Vergnügen aufgesetzt, um sagen zu können, dass man dort war. Es wird sich darauf gefreut, und beim Abbau verbleiben inhalierte Zigarettenstummel mit Servietten, die den Mund abwischten, der gefressen und gehofft hat, satt zu werden. Münder öffneten sich, Münder wurden befüllt, Münder wurden geküsst, und Münder wurden bemalt mit Fleisches Speck, zugeklebt mit Zuckers Fett. Münder wurden gefüttert, ohne vorher Hunger verspürt zu haben. Satte Mägen bekommen Futter.

Das Wunder an dieser Kirmes war meine Begleitung. Ein Herr und Freund im Rollstuhl. Keine Arme, dafür Flügel, kein linkes Bein, dafür einen Anker. Als die Falken wieder kreischten und wir in den Massen erstickten, öffnete der Herr seine Flügel, und wir flogen hoch in die Luft mit seinen beiden Riesenrädern des Rollstuhls, und wir schauten auf die Ameisen und begriffen unser Glück. Wir waren Ameisen. Wir sind alle Ameisen. Licht schafft auch Schatten, und Schatten braucht Licht, um zu entstehen. Doch was ist, wenn der Schatten in Momenten manchmal entsteht ohne Licht als Erzeuger? Dann bist du Waise und suchst nach Erzeugern. So flogen wir an diesem Tag nach Hause, sitzend auf dem Anker des Herren.

Im Rollstuhl gelotst von den Flügeln der gekappten Arme.

30 Euro

Es ist nachts und eiskalt.

Bremen 28203, und es regnet.

Ich will zu Swano, weil mir eine Idee zu einer neuen Tätowierung kam.

Ich rufe ihn an.

„Ich bin unten, holst du mich ab?“

„Ja, warte draußen. Ich schicke jemanden.“

Ich warte vor der Helenenstraße, dem Bremer Rotlichtmilieu. Alleine kann ich nicht rein.

Ein Mann kommt auf mich zu und fragt, ob ich Erika bin. Das bin ich.

Um mich zu tarnen, damit mich niemand erkennt, habe ich eine Jack-Wolfskin-Jacke meiner Nachbarin an.

Ich sehe aus, als würde ich wandern gehen. Vielleicht in den Harz mit meinen drei Kindern, die ebenfalls von oben bis unten Jack Wolfskin tragen oder Northface oder was anderes Teures.

Wanderschuhe im Biomarkt.

Vielleicht war aber auch alles im Angebot.

Vielleicht secondhand.

Ich gehe vorbei an dem Dönerladen namens „Fast Chicks“.

Ich laufe durch den Blumengarten, und aus den Büschen gucken böse Wölfe.

Rotkäppchen im Angebot, und sie sind süß und jung und lächeln.

Andere nicht. Zwischen den Büschen rauchen Wesen Crack oder Chrystal. Es stinkt.

Ich höre, wie Mädchen sich austauschen.

„Wenn ich es ihm nicht für 30 Euro besorge, dann macht der das bei der neben mir. Was soll`s.“

In Swanos Wohnung angekommen, liegt ein Teller im Eingang. Weißes Abendessen. Leute ziehen fort. Leute ziehen hin und her.

„Nimmst du, Erika?“

„Du weißt doch, dass ich nix nehme. Nicht mal einen Tropfen Alkohol. Ich bin durch mit dem Scheiß.“

Wir lehnen uns aus dem Fenster und rauchen eine Zigarette, während wir dem Verkehr der Helenenstraße folgen.

Freier gehen rein und raus.

Frei ist hier niemand, und alle sehen rot.

Innere Kinder verirrten sich.

Im Bauch war es sicher auch rot.

Oder dunkel.

Zwischen all den männlichen Gesichtern sehe ich eines, das ich schon als Kind ansah.

Turgay.

Die Erinnerungen holen mich ein.

Turgay. Mein Turgay. Grundschule. Turgay, der Türke von dem ich erfuhr, dass Griechen und Türken doch Feinde waren, obwohl meine griechischen Verwandten sagten, dass die Türken uns 400 Jahre besetzt haben und deshalb unsere Feinde sind.

Ihm erzählten seine Eltern, dass die Griechen deren Feinde seien.

Wir waren beste Freunde. Mein Turgay, der anfing zu lachen, und alles in mir bebte.

Der Turgay, mit dem ich jedes Mal aus der Klasse flog, weil wir lachten ohne Ende.

Der Junge mit den O-Beinen, der zum Fußball ging, während ich erfolgreich Hürden lief bei Werder Bremen und wir uns danach heimlich auf dem Spielplatz trafen, um zu rauchen.

„Turgay?“ Er schaut hoch zu dem Balkon, auf dem Swano und ich rauchen.

Ich denke, ich habe ihn erwischt beim Freier-Sein und er denkt, er hat mich erwischt, wie ich als Prostituierte arbeite.

„Erika?“

„Komm hoch, mein Bruder! Ich will dich sehen!“

Er rennt hoch, und wir fallen uns in die Arme.

Er riecht wie früher, und ich höre seine Lache.

Ich höre ihn, aber ich sehe ihn nicht richtig.

Seine Augen sind von grauschwarzen Ringen umrahmt.

„Arbeitest du hier?“

„Nein, ich bin bei Swano. Tattoo machen. Und was machst du hier?“

„Du denkst dir bestimmt deinen Teil, aber nein, so ist es nicht. Ich… ich bin hier, weil ich hier abhänge.“

Er schaut mich mit seinen großen braunen Augen an, und kurz ist das Kind da.

„Ich hab dich vermisst, Erika. Wir haben uns seit Jahren nicht gesehen.“

„Ich weiß... ich war weg. Ich war in Griechenland, aber ich leb jetzt wieder hier. Turgay, was machst du hier?“

„Ich nehme die größte Scheiße, die es gibt.“

Er zeigt mir seine Crackpfeife, aus seiner Tasche fallen Alufolien-Stückchen raus.

„Einfach nur der letzte Dreck, aber ich bin darauf kleben geblieben. Du nimmst das einmal, und das fickt deinen ganzen Körper… alles… du verbrennst innerlich, aber das macht dich süchtig. Du willst immer mehr.“

„Ich hab dich lieb, Turgay, genau wie früher! Gib mir deine Nummer, lass uns treffen, du musst mir alles erzählen.“

Er umarmt mich und ist mager. Er weint auf meiner Schulter und bedankt sich.

„Deine Lache, Erika…Meine Schwester bist du, Alter, ich schwöre. Wir sind zusammen groß geworden, Mann.“

Er nimmt einen Zug von der Alufolie und setzt sich.

„Was willst du eigentlich für ein Tattoo, Erika?“, fragt Swano.

„Ein griechisches Alpha auf dem Beckenknochen. Für meine Oma Aphrodite. Alpha steht für Anfang.“

„Dann wäre es doch gut, wenn ich auf der anderen Seite ein Omega mache, weißt du? Alpha, Omega und so…“

„Nein, das will ich nicht. Nur das Alpha.“

Mir tut der Anblick weh, Turgay so zu sehen, und ich frage mich, was er wohl gerade fühlt. Während er drauf ist, fällt mir ein, wie wir damals in den Schulpausen immer in den Kiosk gegangen sind, um Gummibärchen zu klauen. Zur Tarnung kauften wir jeweils eine Capri-Sonne.

Die deutsche Kassiererin mochte keine Ausländer. Uns somit auch nicht. Wir beobachteten mit Turgay, dass sie erst „Hallo!“ sagte, wenn man an der Reihe war. Auch wenn sich unsere Blicke mit der Kassiererin vorher begegneten, begrüßte sie uns nicht. Turgay und ich machten uns einen Spaß daraus, sie genau damit zu ärgern.

„Hallo! Hallo! Hallo!“

Wenn wir an der Reihe waren und sie nun grüßte, antworteten wir nicht.

Frech seien wir. Waren wir auch. Ich beobachtete dieses Phänomen an den Kassen in Deutschland sehr oft. Man wird begrüßt, wenn man auch dran ist. Vorher nicht. Der Blickkontakt wird vermieden, und wenn er stattfindet, bekommt man höchstens ein leichtes Nicken.

„Ich muss nach Hause, Turgay, es ist schon hell.“

„Es ist hell. Ich ruf dich an, Versprochen!“, flüsterte er.

Mit meinem Alpha an der Hüfte laufe ich nach Hause.

Bei Tageslicht sah die Helenenstraße noch dunkler aus als in der Nacht.

Einen Winter später lief ich an der Weser entlang. Es war wieder kalt geworden, und der Schnee knirschte beim Auftreten. Mir fiel ein, dass ich jetzt endlich eine

Beißschiene für nachts brauchte, da ich mir beim nächtlichen Knirschen einen Zahn abgebrochen hatte.

„Erika!"

Die Stimme klingt fröhlich, und dieser Mensch freut sich, mich zu sehen. Ich bin liebenswert, das höre ich.

„Turgay! Turgay, mein Lieber!"

Wir umarmen uns fest. Er hat zugenommen, ist fit und strahlt. Der Schnee lässt seine großen braunen Augen leuchten.

„Du siehst so gut aus! Alter, du bist clean? Sag mir einfach, dass du clean bist!"

Er lacht über beide Ohren.

„Ja Mann! Ich bin raus aus dem Loch! Ich war lange in der Türkei und hab mich erholt."

Neben ihm steht eine junge Frau, die mich anlächelt:

„Das ist meine neue Freundin."

Wir umarmen uns, und ich lache laut und froh und die Enten der Weser schnattern im Chor.

„Nächste Woche Kaffee?"

„Auf jeden Fall! Ich bin erstmal wieder in der Türkei, aber wenn ich wiederkomme!"

Mit leichtem Herzen ziehe ich weiter die Weser entlang und erinnere mich, wie ich einst mit Turgay im Schnee den Deich mit Alditüten runterrutschte.

Wer braucht schon einen Schlitten.

Alditüten haben die Farben der griechischen Flagge, und Turgay kugelt sich über den Deich, wenn ich meine Mutter mit ihrem griechischen Akzent imitiere.

„Was kosten diese Hose? Was kosten eine Fahrkarte für 1 Mark? Ich werde Fuchs und Teufel!"

Unser Lachen echolaliert durch den Bremer Osterdeich.

An einem Herbstabend auf dem Weg zu dem Elternabend meines Kindes laufe ich am Bremer Hauptbahnhof entlang und warte auf den Bus Nummer 26.

Ich bemerke, dass ich noch nie so viele Junkies am Bahnhof gesehen habe.

Viele, neue, junge Gesichter.

Ich zücke mein Telefon heraus und schreibe meiner Freundin Loki:

„Alter, der Bahnhof ist voll mit jungen Junkies…was ist hier passiert?“

Absenden.

Kopf hoch.

Ich sehe von weitem eine dürre Gestalt.

Die O-Beine kenne ich.

Er dreht sich um und schaut durch mich hindurch.

Beide sagen nichts.

Ich erstarre.

Es ist Turgay, aber ohne Turgay.

Das ist nicht mehr mein Turgay.

Vor mir sehe ich einen Mann, der etwas 45 Kilo wiegt und offene Wunden im Gesicht trägt. Dreckige Pflaster bedecken seine wunden Hände.

Er weicht meinem Blick aus.

„Turgay!“

Mit gesenktem Kopf antwortet er sofort:

„Wie geht's dir Erika?“

„Danke, gut! Ich gehe zum Elternabend von meinem Sohn und…“

Um dem „Und wie geht es dir?“, zu entfliehen, geht er schon weiter und verschwindet.

Ich steige in den Bus 26.

Spreche Swano weinend eine Sprachnachricht auf.

Fahre zur Schule.

Werde gelobt für meinen Wüstenfuchs, wie toll er sich macht und dass er zwar kleine, aber große Schritte mache. Er ist in der vierten Klasse.

Die Zeit, in der ich Turgay traf. Ich drücke mir die gesamte Zeit die Tränen weg und denke an die offenen Hände von Turgay, die einst Gummibärchen klauten.

Ich schaue auf meine Hände.

Mein Nagel vom Ringfinger ist abgebrochen.

Ich laufe zurück.

Will nicht mit dem Bus fahren.

Auf Busse warten kann wehtun.

Warten allgemein kann wehtun.

Deshalb laufe ich.

Von weitem sehe ich ein Schild: „Nail Art – ohne Termin"

„Einmal Maniküre bitte."

„Mit Gel?"

„Nein, ohne Gel bitte."

„Mit Lack?"

„Nein, ohne Lack bitte – nur Maniküre."

„Saubermachen?"

„Ja, saubermachen, bitte."

Zart nahm die Frau meinen Ringfinger entgegen und bearbeitete ihn.

Mit ihren Händen arbeitete sie an meinen und bemerkte nicht mal dabei, wie sehr sie mich tröstete. Sie hielt mir die Hand.

Jeder gekonnte Griff an meinen Fingern streichelte mich.

Sie hielt meine Hand.

40 Minuten lang.

Ohne Gel.

Ohne Lack.

30 Euro.

„Jetzt alles wieder heile!"

Muttermilch-Graffiti

Sie hieß Juli, war Skorpion und Schauspielerin. Sie war unendlich charmant und umwerfend sexy.

Sie hatte langes, braunes Haar, war schlank, aber kurvig. Sah ernst aus, hatte aber Humor. Trat selbstbewusst auf, hatte aber Panikattacken und soziale Phobien. Sie hatte wunderschöne weiße Zähne. Und wenn sie sprach, dann zuckte sie immer leicht mit den Schultern. Etwas Mädchenhaftes hatte sie, aber nicht naiv. Sie trug Muttermilch in sich. Volle, pralle Brüste, voll mit Muttermilch. Diese Muttermilch gehörte eigentlich dem kleinen Finni. Juli war aber Juli.

Ich ging mit Juli und einer anderen Dame namens Hannah in die Heartbreak-Hotelbar Bremens. In dieser Bar spielten Hannah und Juli zu der Zeit ein Theaterstück. Es ging um die alten Griechen in dem Stück. Hannah mit der schönen Lache spielte in dem Stück die Artemis und Juli die Aphrodite. Sie waren noch in den Probezeiten der Entwicklung des Stückes namens „In der Ruhe liegt der Rausch". Wir zogen los, zusammen mit dem Regisseur des Stückes, und kaum öffneten wir die Tür der Bar, waren wir quasi schon am Tresen, auf der Tanzfläche und auch schon auf dem Klo.

Das Heartbreak-Hotel war zirka 30 Quadratmeter groß. Rotes Licht. Es war immer voll. Wir setzten uns an die Bar, alle bestellten Alkohol, außer ich natürlich. Vitamalz oder Cola vertragen sich besser mit drei verschiedenen Antidepressiva. Opipramol, Citalopram und Lamotrigin waren zu der Zeit im Menü. Juli nahm zwar Citalopram, aber dies hinderte sie nicht daran, zu trinken und zu rauchen. Schließlich hatte sie immer kindfrei, wenn sie probte. Bis zu vier Tagen kindfrei. Klein Finni war dann bei seinem Papi und dessen Hund Iggy Stock.

Der Abend begann recht friedlich. Die Bar wurde immer voller, die Musik immer lauter und Erikas Agoraphobie immer doller. Ich hatte aber mittlerweile gelernt damit umzugehen. Solange ich keinen Alkohol trank und keine Psychofilme schob, war alles noch unter Kontrolle. Kurz auf Klo gehen, checken, ob keine andere Dame auf der Keramik sitzt, in den Spiegel schauen, los geht's. Ich sprach laut zu mir in den Spiegel:

„Ich bin in Sicherheit, ich bin in Sicherheit. Ich vertraue darauf, dass das Universum mir das bringt, was gut für mich ist. Ich bin eins mit der unendlichen Kraft des Universums. Ich vertraue, lasse los und liebe mich selbst. Ich liebe mich selbst. Ich bin gut, so wie ich bin. Ich liebe mich selbst. Ich bin frei. Ich bin Erika und bin in Sicherheit. Ich bin dankbar. Ich bin dankbar. Ich bin dankbar."

Kaltes Wasser aufs Gesicht – wieder raus in die Bar mit dem roten Licht.

„Geht es dir gut?", fragte Juli.

„Ja, voll gut!"

Juli erzählte, was in der Zwischenzeit passiert war:

„Also hier war grad voll der krasse Typ, der ist irgendwie wieder weg. Das war voll krass. Der hatte mega die krasse Aura, sah so ganz lieb, aber auch voll düster aus. Weißt du, was ich meine? So einer, den man knuddeln möchte, aber auch so einer, vor dem man auch Angst haben könnte."

„Ja, irgendwie erinnert mich das an meinen Onkel", sagte Erika.

Hannah erwiderte: „Der Typ sah einfach scheiße aus. Unsympathisch und bestimmt ein Drogendealer."

„Aha, woher weißt du denn so was, Hannah?", sagte Juli.

„Ey, ganz ehrlich, das kann man riechen. Und sein Schweiß hat nach Koks gerochen."

„Mädels, ich will ja nicht lügen, aber auf Koks hätte ich richtig Lust heute Abend."

„Juli, du stillst!"

„Ja, aber bis ich Finni wiedersehe, ist doch die Scheiße wieder raus. Ich sehe den erst in vier Tagen wieder! Jetzt lasst mich doch mal meinen Spaß haben! Mir platzen bald die Brüste."

Hannah und Erika fingen an zu lachen.

Der Regisseur hatte sich mitttlerweile von dem Gespräch abgewandt. Es lief Rock ‚n' Roll, irgendwas mit Baby und tonight. Wir fingen an zu tanzen.

Juli liebte ihre Brüste, und daraus machte sie auch kein Geheimnis. Sie fasste sie regelmäßig an und knetete sie einmal durch, so wie andere sich durch die Haare fassen oder mal mit dem Finger im Ohr scratchen.

Ihre beige Satinbluse lag perfekt an ihrer Haut. Wie Öl auf Wasser. Öl auf Muttermilch.

Je mehr die Zeit verging, desto größer wurden die Knetbewegungen und die Knöpfe der Bluse schienen sich zu öffnen wie von Geisterhand.

Juli unterhielt sich mit dem komischen Typen, der wieder aufgetaucht war.

Die Musik war laut, und Juli drehte sich zu mir:

„Ey, der Macker verkauft tatsächlich Koks! Aber er hat auch was auf dem Herzen, irgendwas mit seiner Kindheit. Ich geh mal kurz mit ihm raus!"

Das Heartbreak-Hotel wurde voller und voller. Ich konnte bald nicht mehr meinen Kopf bewegen, so voll war es mittlerweile. Der Krieg im Kopf fing an.

„Hannah, ich muss ganz schnell nach Hause. Sonst muss ich was zur Beruhigung einnehmen, und das will ich nicht."

„Erika, ich bewundere dich so, dass du dich selbst beschützt und Entscheidungen triffst! Du passt auf dich auf! Das ist Selbstliebe."

Ich schickte ihr einen Kuss und versuchte, mich durch die Menge zu quetschen, um zur Tür zu gelangen. Das sind wahrlich die Momente, die gefühlt Jahre dauern. Ich rannte nach Hause. Ich wusste, dass ich beim Rennen nicht viel denken konnte, und das tat gut. Ich ging ins Bett und pfiff mir trotzdem eine Beruhigungspille rein. Scheiße, dachte ich, aber ehe ich das Ganze reflektieren konnte, war ich eingeschlafen.

Morgens erwachte ich von Hannahs Gebrüll. Die beiden übernachteten bei mir für die Probezeit.

„Wo ist Juli? Ich bringe sie um! Ich schwöre, ich bring sie um!"

Dass diese Worte und Klänge aus Hannahs Mund kamen, war seltsam. Hannah war eigentlich nicht aus der Ruhe zu bringen. Ich stand auf und sah nach Hannah. Juli war irgendwie nicht da. Es war zwölf Uhr mittags.

„Ich hab Juli die ganze, verkackte Nacht lang gesucht! Sie ist mit diesem bescheuerten Koksheini abgehauen. Ich ging raus, um sie zu suchen, und fand sie nicht. Auf dem Weg zurück in die Bar sah ich sie mit dem Koksheini in einem Treppeneingang sitzen, der Heini auf ihrem Schoß, heulend, sie tröstend, er am Erzählen, er wäre im Kinderheim großgeworden. Und Juli immer so: ‚Och Mann, du armes Bubsili.' Zwischendurch zogen sie wieder eine Line, und dann heulte er weiter."

„Und was hast du dann gemacht?"

„Ich? Ich sah dem Elend eine Zeit lang zu und dann zog ich sie da weg und schleppte sie wieder in die Bar. Juli, völlig drauf, fing hysterisch an zu lachen und zu tanzen, riss ihre Bluse auf und fing an, mit ihrer Muttermilch um sich zu schießen."

„Was?"

„JAHA!"

„Und die Leute?"

„Das war ihr scheißegal! Sie tanzte und schoss um sich mit Muttermilch. Die Leute waren entweder sprachlos, oder lachten, und so ein perverser Opa öffnete den Mund, und Juli spritzte ihn voll. ‚Ich hab vergessen abzupumpen!', schrie sie mir zu."

„Und dann?“

„Dann war die blöde Kuh wieder verschwunden, und alles und alle waren voller Muttermilch. Es war wirklich alles voll! Sie hat sooo viel Milch geschossen, das hab ich noch nie gesehen!“

„Wo ist sie denn jetzt?“

„Ich hab keine Ahnung! Ich stand vor deiner Tür und kam nicht rein, weil Juli den Schlüssel bei sich hatte. Dein Nachbar hat mir dann aufgemacht.“

„Hey Leute, ich bin doch längst hier, was schreit ihr denn so rum?“

Das war Julis Stimme. Ich öffnete die Tür vom Gästezimmer, aber auf der Matratze lag niemand. Juli lag nämlich unter der Matratze. Wieso auch immer.

„Mir war kalt, ich hatte keine Decke. Leute, der Typ hat mir voll leidgetan, ich hab ihn noch nach Hause gebracht, der war völlig fertig mit den Nerven, der Arme.“

Juli schien noch nicht geschlafen zu haben. Hannah kam ins Zimmer.

„Du dumme Sau! Weißt du eigentlich, was ich mir für Sorgen gemacht habe um dich?“

Juli schien nicht drauf einzugehen.

„Leute, ich war dann später noch, nachdem ich den Dealer nach Hause gebracht habe, nochmal in einer anderen Bar und der Barkeeper wollte mir nichts mehr zu trinken geben, und da habe ich meine Titte rausgeholt und ihn erst mal schön angeschossen. Schießen mit Muttermilch! Das ist der neue Feminismus!“

In der Tat beschäftigte mich dieser Satz mit dem Feminismus, und ich fragte mich kurz, ob diese Aktion mit der Muttermilch nicht auch höchst politisch ist. Bevor ich den Gedanken zu Ende denken konnte und Hannah empört Brötchen holen ging, erzählte mir Juli noch von einem Abend, den sie mal in Berlin verbracht hatte und an dem sie Hausverbot in einem Stripclub bekam, weil sie aus Spaß vor dem Laden die Reklame des Stripclubs mit

Muttermilch vollspritzte. Wie ein Tag eines Graffiti-Künstlers, dachte ich. Sie sei wohl am nächsten Tag nochmal hin, weil sie ihr Handy dort vergessen hatte, und der Türsteher erklärte ihr, dass sie in dem Laden auch Kameras haben und er sie erkannt hätte und er es die asigste Aktion fand, die er in seinem gesamten Türsteher-Leben erlebt hatte.

Juli vergisst man nicht. Juli war Feministin, und als Hannah mit Kaffee aus der Bäckerei wiederkam, ärgerte sie sich: „Scheiße, ich hab Milch vergessen!"

Stille.

Frecher Blick von Juli.

„Lass die Finger von meinem Kaffee, du blöde Kuh!"

Ur-Teilchen

Die Uhr zeigt kurz vor knapp.

Ist unsere Urteilskraft nicht ein zwiespältiges Phänomen? Mächtig. Entschieden.

Wir nutzen es, um uns zu schützen, uns zu benutzen und ab und an mal aus Versehen zu stürzen.

Kann uns ein Urteil, welches wir gemeinsam fällen, näherbringen? Trennt es uns?

Ein Urteil ist stark, obwohl es nur ein Uhr-Teilchen ist. Ein Teil aus einer ganzen Zeit. Ein Teelicht der Milchstraße. Wir nehmen ein Teilchen des Ganzen wahr und tragen uns durch die Zeit mit der tickenden Uhr in der Brust.

Sind wir nicht alle kleine Ur-Teilchen?

Apropos Uhr.

Das Tragen einer Armbanduhr gefällt mir. Nicht, weil sie mir besonders gut steht, sondern weil sie mir das Gefühl vermittelt, ich hätte die Zeit im Griff.

Ich liebe es, auf meine eigenen Illusionen reinzufallen.

Auf der Straße:

„Sie sind sehr auffällig gekleidet."

„Ja, das war auch mal fällig."

„Ich bin nicht psychisch krank, ich bin Künstlerin", sagte Erika.

Ich bekam während meines Theater- und Tanzpädagogikstudiums die Chance, als Schauspielerin zu arbeiten. Auf der Bühne zu stehen als eine andere Frau, als andere Frauen. Jemand anders zu sein und dafür Geld zu bekommen, um Menschen zum Lachen zu bringen.

Menschen bezahlen Geld, um Menschen zu sehen, die sich verstellen, und das finden sie lustig.

Ich bekam Kostüme, Licht, Kollegen und Geld. Ich, ich, ich. Dieses Ich bekam bei der zweiten Vorstellung eine Panikattacke. Da waren sie wieder! Lange hatte ich nichts von ihnen gehört. Sie wollten sich mal wieder blicken lassen, die Panikattacken. Um das Ich, das Ego, nicht zu verletzen, ließ ich mir Beruhigungsmittel verschreiben. Um weiter auf der Bühne stehen zu können. Denn sie manifestierten sich. Die Panikattacken. Ich mag dieses Wort gar nicht aussprechen, deshalb taufe ich es um in temporäre Dämonenseuche mit Echo. Das ist trefflicher. Panikattacke ist mir zu harmlos. Xanax. Alprazolam.

Diese temporäre Dämonenseuche kommt unangekündigt, unbestellt, unhöflich, unnötig, unberechenbar unfreundlich. Packt meinen Körper, saugt ihn aus, Arme und Beine pochen und schweben, der Dämon schnürt mir die Kehle zu, keine Luft, keine Kraft, keine weißen Fähnchen, nach denen ich greifen kann. Keine Arme, keine Beine, keine Luft, kein Licht, das Gehör verschwindet, gepackt von Dämonen, die flüstern und schreien gleichzeitig: DU STIRBST LANGSAM. Hallo Herr Charmati, ich möchte gerne Selbstmord machen. Eigentl-Ich Außers-Ich.

Bewerten – kochendes Wasser brodelt weiter, wenn es bewertet wird.

Du stirbst gleich, und das Einzige, was dich retten könnte, wäre, deinen Kopf gegen die Wand zu schleudern, damit es aufhört. Stattdessen erstickst du langsam, bis dir die Kotze hochkommt, bis du zitterst wie ein Aal, der nach Wasser sucht, und schlussendlich fällst du in Ohnmacht, weil es zu mächtig ist. Es hat dich, es packt dich, und es lässt dich nicht los. Wie ein Stein mit Ohren, aber ohne Mund. Wie schwanger ohne Vagina in den Wehen liegend. Erdbeben. Geräusch. Geräusche. Erdbeben. Mehrere.

Es sein denn...

Es sei denn, du hast Beruhigungspillen, die dich nach 15 Minuten sedieren, und du kannst funktionieren, zwar mit den Dämonen im Blut und im Ohr, aber mit der Axt in der Hand bewaffnet, bis die Dämonenseuche nur noch ihr Echo singt.

Allerdings singt die Sedierung auch ihr Echo. Denn Sedierung ist köstlich. Sogar so köstlich, dass man hier und da naschen möchte, bevor die Dämonen anfangen zu sprechen. Mit der leisesten Vorahnung griff ich in die Tasche. Eine kleine Tasche in der Tasche. Eine Schatztruhe, die voll von Sedierung ist. Und ich kostete sehr oft. So oft, dass der Körper sich an die kostbare Nahrung gewöhnte und nicht ohne diese funktionieren konnte. Morgens zum Aufstehen, mittags zum Runterkommen, zwischendurch, wenn zu viele Leute da waren und zum Einschlafen. Tag für Tag. So sehr kostete ich, dass mein Gehirn anfing zu schrumpfen und meine Gefühle anfingen abzustumpfen. Ich wusste bald nicht mehr, was ich vor einer Minute gedacht hatte. Auf halbem Wege blieb ich stehen und fragte mich, warum ich losgegangen war. Filmrisse. Brocken von Worten und Gedanken. Mir fiel es teilweise schwer, mich an Namen zu erinnern, an Namen zum Beispiel von Freunden. Das war erschreckend. Schlafstörungen und Sehstörungen. Aber ich funktionierte, aber auch nicht viel mehr. Es war nach einem Jahr Konsumkost die Zeit gekommen, mich meiner Sucht zu stellen und der Bühne vorerst den Rücken zu kehren. So sehr ich es auch wollte. Denn auf der Bühne konnte ich ich sein, ich, ich, ich. Aber dieses Ich wusste bald nicht mehr, wer dieses Ich war. Gestartet mit 0,25 Milligramm, endete ich mit 3 Milligramm am Tag. Auf der Suche nach Ruhe fand ich Unruhe. Und der einzige Grund, warum ich doch ein ganzes Jahr auf der Bühne stand, war, dass ich sauer auf die Dämonenseuche war und es nicht fassen konnte, dass sie sich auf meiner Bühne ausbreitete. Auf Kosten meines Glückes und Friedens feierten die Dämonen wilde Orgien. Orgienstopp. Also Bühnenstopp, damit ich von der Pseudoruhe runterkomme. Langsam und sehr schmerzhaft schlichen Chemie und künstliche Ruhe aus meinem Körper. Und ich kann sagen, dass die ersten Male der Pseudoruhe fast so schön waren wie Swanos Haut auf meiner. Das war auch der Grund, warum ich so oft zur Tasche griff. Sucht ist Sucht. Der angebliche Griff zum Glück wurde ein Griff ins Klo, denn ich kotzte mir die Seele aus dem Leib während des Entzugs der Pseudoruhe und das einst so schöne Gefühl wurde zum dreiwöchigen Ent-Eitern mit Kotzgeschmack. Auf Kosten meiner Kunst.

Die Resonanz während dieses Jahres war schmerzhaft. Ich hatte nur sich sorgende Menschen um mich herum, die nicht mal wussten, dass ich abhängig nach Pseudoruhe war. Sie sahen nur das Resultat. Und dies war anscheinend Sorgen erregend. Und wenn ich eins hasse, dann ist es, wenn sich jemand Sorgen um mich macht. Das ist nämlich meine Aufgabe, verdammt. Das Sich-Sorgen-Machen ist doch meine Aufgabe. Angst haben ist meine Aufgabe, und mir drehten sich meine Gedärme ineinander, wenn Sätze ausgesprochen wurden wie: „Geht es dir wirklich gut?"

„Heute bist du gut drauf, gestern warst du irgendwie nicht so bei dir."

„Ich kann dich nicht greifen, du bist irgendwie unantastbar."

„Spielst du gerad was vor, oder ist das normal?"

Fernab der Tatsache, dass sich diese Merkmale wahrscheinlich während der Einnahme von Pseudoruhe verstärkt zeigten, waren es dennoch Merkmale, die ich anscheinend auch so besaß. Ich spielte lieber Glück vor, damit man mich in Ruhe ließ. Stimmungsschwankungen, Angstzustände bis hin zur temporären Dämonenseuche mit Echo, Überdrehtheit, Stillsein, Euphorie und Geschwindigkeit der Gedanken mit plötzlicher Entschleunigung. Ja, tut mir leid, dass ich euch nicht immer mit auf die Reise nehmen kann! Ich habe zu oft den Tod im Nacken sitzen und die Angst als Dauerleier im Ohr, einen Ohrwurm, einen Todeswurm, und versuche, sie so oft einzuladen, damit sie verschwindet, die Angst. Ich versuche, lieb zu ihr zu sein, ich versuche ALLES, damit sie verschwindet und nie mehr wieder kommt. NEIN, ich will nicht, dass sie verschwindet. Ich will, dass der Begriff Störung hinter der Angst verschwindet. Ich will, dass es aufhört, mich zu stören. Ich darf Angst haben, aber sie soll mich nicht mehr stören. NIE WIEDER. Ich dachte, wenn man sich etwas ganz doll wünscht mit Herz und Hirn, dass man es dann bekommt. Das habe ich mir so beigebracht, und das Einzige, was ich hab, sind Dauergäste im Ohr und Billionen von Gedanken im Hirn, die ich nicht verbalisieren kann, nehme alles wahr zur gleichen Zeit, und mich überkommen Liebes- und Leidensattacken, und einen Wüstenfuchs hab ich auch, der an meinem Bein klammert, den ich zu zähmen versuche. Und ihr verlangt auch noch eine ausgeglichene Erika?

„Ich bin auch nur ein Mensch", ist schon zu ausgelutscht. Deshalb sage ich Folgendes: Ich hab keine psychischen Probleme, ich bin einfach nur Künstlerin. Hört auf, euch Sorgen zu machen. Hört auf. Hört einfach nur zu. Schaut ohne zu bewerten, und ihr werdet das Lachen hinter der Wangenhaut sehen. IHR. Wer seid IHR eigentlich? Seid IHR nicht ich? Urteilt nicht.

Manfred Glocke, oder: Wie man in drei Stunden seine Panikattacken nicht verliert

Herbst 2017

Nachdem ich eine neue harte Zeit voller Panikattacken und Flashbacks aufgrund meiner Posttraumatischen Belastungsstörung durchlebt und wieder angefangen hatte, Beruhigungsmittel wie Bonbons zu kauen – meinen Job als Schauspielerin im Theater hatte ich ebenfalls verlassen –, war es für mich an der Zeit, aktiv zu werden, egal wie, und meine Ruhe zu finden. Flashbacks als Sendepause. Sie waren zwanghafte Gedanken und Erinnerungen an schlimme Erlebnisse aus meiner Kindheit, die ich nicht abstellen konnte.

Immer, wenn ich mich unterhielt, blitzte es nur so in meinem Kopf, und mich zu konzentrieren kostete eine immense Kraft. Ich versuchte trotzdem, nicht abzuschweifen, und wenn jemand mich fragte, ob alles okay sei, war das wie ein Schlag in den Magen. Ich musste über irgendwas sprechen, Hauptsache, nicht über mich. Ich begann, mich sehr auffällig zu kleiden, damit man im Zweifelsfall über die Kleidung und die fröhlichen Farben reden konnte.

Medikamente waren langfristig keine Lösung, der Weg zur Sucht war schnell und die Konsequenzen hart.

Benzo-Abhängigkeit ist kein Witz.

Ich wollte nie wieder einen Benzo-Entzug erleben.

Ich kotzte wieder bis zur Galle und hatte rasende Züge und Stimmen im Kopf.

Das wollte ich nicht mehr.

Ich wollte meine Ruhe.

Ruhe im Kopf.

Ruhe in der luftigen Seele.

Erde.

Lieber Moder als Luft, aber bitte kein Dreck.

Auf meiner Suche nach Ruhe und einer möglichen Lösung beging ich einen Fehler: Google.

Suchbegriff: Angststörung und Panikattacken heilen.

Es öffnete sich ein Video auf YouTube.

Klick.

Eine junge, dünne Frau mit hoher Stimme und wirrer Frisur. Sie zuckte während des Redens ganz oft mit den Augenlidern, ruhig wirkt sie eher nicht. Ihr Akzent klang flämisch oder französisch:

„Ich habe geschafft, mit so einfachen Methoden mit diesem Mann, Herrn Glocke, zu schaffen, ohne Panikattacken zu sein. Ich bin Schauspielerin und konnte nicht mehr auf die Bühne, und ich hatte so Atemprobleme, das ganze Leben hatte keinen Sinn mehr und ich war wie gelähmt, und ich hatte sogar Selbstmordgedanken und ich konnte nicht mehr rausgehen und war nur zu Hause und ich wollte nicht einmal mein beste Freundin sehen und es war alles dunkel in meinem Zimmer und ich hatte jede Hoffnung verloren, weil ich dachte, ich werde immer mit diesen Panikattacken leben, und dann habe ich diesen Mann zufällig gefunden und er hat mir mein Leben gerettet."

Ohne Punkt und Komma redete die Madame, aber trotz der unglaublichen Unruhe, die sie ausstrahlte, überzeugten mich jedes fehlende Komma und jeder fehlende Punkt von ihrem Erfolg.

Der Griff zum Telefon kam, ohne Überlegen.

Ich fand zwar keine Preisangabe auf der Website, aber ich wäre sowieso für jede Summe bereit gewesen. Die junge Schauspielerin erzählte schließlich genau meine Geschichte. Das musste ein Zeichen sein, vielleicht waren wir sogar seelenverwandt und würden bald beste Freundinnen werden.

Ganz sicher sogar. Das war alles ein Zeichen.

„Manfred Glocke hier, hallo?“ Eine tiefe, rauchige Stimme war das. Der Typ trug ganz bestimmt einen Schnauzer, ganz bestimmt.

„Ja, hallo, hier spricht Erika.“

„Ja, Tachchen.“

„Ich habe Ihre Website gefunden im Internet, und ich leide unter schweren Panikattacken, und ich habe meinen Job als Schauspielerin deshalb gekündigt, weil ich nicht mehr auf die Bühne konnte, weil ich auf der Bühne während des Spielens Panikattacken bekommen habe, und bald habe ich wieder einen neuen Job als Schauspielerin, und ich pack das nicht, ich brauche unbedingt Hilfe.“

„Jetzt passen Sie mal auf, Erika. Also erstens kannst du mich duzen, so mach ich das hier immer. Zweitens: Ich will, dass du nie wieder das Wort Panikattacke in den Mund nimmst. Stattdessen heißt es ab jetzt ‚Stößchen.‘ Sprich mir nach: Stößchen!“

„Stößchen“, stotterte ich

„Nochmal. Und schön laut, Erika. Stößchen!“

„Stößchen!“, wiederholte ich.

„Ich will deinen Körper vibrieren hören.“

Ich dachte nur: Das ist schon Teil der Therapie, das kann nur gut sein. Und gab alles: „STÖßCHEN!“

Von draußen rief ein Nachbar: „Prost! Aber jetzt Schnauze!“

„Erika, bist du noch da?“, hörte ich Herrn Glocke.

„Ja, ja, klar, ich bin da, natürlich!“

„Gut. Auch löschen Sie ab jetzt das Wort ‚Angst‘ aus Ihrem Vokabular. Stattdessen sagen Sie ‚Blutumverteilung‘. Sprechen Sie mit mir mit: Blutumverteilung!“

„Blutumverteilung!“

„Wunderbar, Erika, und jetzt schaue ich mal in meinen Kalender, wann du zu mir kommen kannst. Dann wird alles gut, versprochen!“

„Ach so, ähm… also, ich wollte erstmal…“

„Das Finanzielle, sicher. Das ist natürlich so eine Sache, aber man muss auch bedenken, dass Sie nach zehn Stunden Therapie von allem geheilt sein werden, und zwar zu neunundneunzig Komma neunneun Prozent. Das Ganze würde dich einmalig zweitausend Euro kosten, aber danach bist du den Scheiß los, versprochen."

Wäre ich bei gesundem Menschenverstand und nicht von der Angst besessen gewesen, ich hätte allerspätestens hier aufgelegt. Aber ich war geblendet, und das nur wegen meiner Stößchen und meiner Blutumverteilung. Im Kopf hatte ich jetzt natürlich noch mehr Diagnosen: die mir bereits bekannten, das heißt: Posttraumatische Belastungsstörung, Angststörung, Panikattacken, und die neuen, also Stößchen und Blutumverteilungen.

„Wissen Sie, Herr Glocke… Manfred. Ich bin freiberuflich und habe einen autistischen Sohn…"

Er unterbrach mich:

„Mit Ratenzahlungen hab ich ganz schlechte Erfahrungen gemacht. Ich hab mir irgendwann aus Eigenschutz geschworen: Manfred, das machst du nie wieder! Man muss ja auch gucken, wo man bleibt, näch?"

„Ja, ne, klar. Verstehe ich total."

Mein Herz pochte. Eine Blutumverteilung überkam mich. In meinen Gedanken war es schon klar: Kredit. Oder Dispo. Irgendwas geht schon. Geld soll nie ein Hindernis sein.

„Darf ich Sie in zwei Stunden zurückrufen und sagen, ob ich das finanziell schaffe?"

„Und ich guck in der Zwischenzeit schon mal, welchen Termin wir machen können, ja? Wie gesagt, erst das Geld, dann wird losgelegt."

***

Sparkasse Bremen, Schalter.

„Hallo, Erika mein Name, ich wollte mich bezüglich eines Kredites informieren."

Die Frau in dunkelblau und mit weißem Halstüchlein war wie stets bemüht und munter, immer hoffnungsvoll.

„Ich rufe sofort meinen Kollegen für Sie, Frau Erika, nehmen Sie doch Platz."

Der Kollege kam wenige Minuten später aus dem Fahrstuhl. Blonde, leicht zurückgegelte Haare, fester Händedruck, Nägel mit der Doppelseitenfeile gemacht. Vielleicht von einer Nageldesignerin in seiner Nachbarschaft, die fast ein Profi war, aber eigentlich lieber nähte oder bastelte. Anzug ist klar.

„Hallo, Frau Erika, Smeins mein Name."

„Hallo, Herr..."

„Smeins, Kevin Smeins."

Im Geiste malte ich einen Comic, in dem Herr Smeins mit einem Haufen Geld am Schreibtisch saß, und eine Sprechblase mit den Worten „Smeins! Alles Smeins!", über ihm aufstieg.

„Ich verstehe, das ist natürlich eine Notlage, in der Sie sich befinden, Frau Erika, allerdings muss ich Sie leider enttäuschen, denn mit Ihrem instabilen Einkommen", er machte Anführungszeichen in der Luft, auch Entenfüßchen genannt, „sind Sie leider nicht kreditwürdig."

Wieder ein leichtes Stößchen.

„Allerdings kann ich Ihnen gerne eine Alternative anbieten. Einen Dispo. Minus 2000 €. Das könnte klappen."

„Ab sofort?"

„In der Tat könnte ich es so einrichten, dass es gleich losgehen kann."

„Könnte ich bitte Ihren Kugelschreiber zum Unterschreiben benutzen? Ich hab meinen nicht in der Tasche."

Es war nicht das Einzige, was ich nicht in meiner Tasche hatte. Ich hatte nichts. Gut, ein paar Münzen immerhin, und zerbröselte Benzo-Pillen, die ich mir bei einem Stößchen zusammensuchte und einnahm.

Tief im Inneren war ich voller Zweifel, eigentlich läuteten auch die Alarmglocken in meinem Kopf, doch die Angst war größer, und der Wille, endlich von den Stößchen befreit zu werden, stellte meine Zweifel in den Schatten.

„Herr… Manfred, es kann losgehen. Ich habe das Geld. Ich habe es geschafft!"

Es klang, als hätte ich etwas gewonnen.

„Pass mal auf, ich hab zufälligerweise einen freien Termin am Donnerstag. Ach ja, und schick mir mal einen dreiseitigen Lebenslauf von dir."

Ich sah zum Kalender. Heute war Dienstag. Übermorgen.

***

Nähe Hannover.

Ich war mal in Fatima, Portugal, bis zur Kathedrale der heiligen Fatima, einer Wunder vollbringenden Madonna, auf den Knien gerobbt. Schon damals hatte ich darum gebetet, von meinem Leid erlöst zu werden und dass mein Sohn sich ebenfalls gut entwickelte. Ich weinte und robbte mir die Knie wund, bis ich in der Kathedrale ankam und eine Kerze anzündete. In etwa so fühlte ich mich während der gesamten Zugfahrt zu Manfred, nur dass ich mir diesmal nicht die Haut aufriss. Wir hatten abgemacht, dass er mich an einem kleinen Bahnhof nahe Hannover abholen würde.

Ich stieg aus. Stand da. Wartete. Stößchen. Kotzreiz. Ich werde ja gleich erlöst, dachte ich. In den nächsten zehn Stunden werde ich Heilung erfahren, dachte ich. Wie will er eigentlich seine zehn Stunden aufteilen? Zieht er durch oder macht er Pausen?

Meine Gedanken wurden von einem lauten Hupen unterbrochen: „Na, das sieht man ja schon von weitem, dass Sie Künstlerin sind, mein lieber Scholli!"

Ich lachte unsicher, stieg ein.

Manfred hatte tatsächlich einen Schnauzbart und einen leichten Überbiss. Er sah aus wie ein dünnes Walross, und wenn er redete, spuckte er ein bisschen. Er roch nach Zigarre oder Zigarillo.

Wir fuhren eine Weile, bis wir zu einem Haus kamen, in dessen Vorgarten eine deutsche und eine russische Flagge hingen. Der Vorgarten war gepflegt, das Haus sauber und groß. Vor lauter Aufregung musste ich erstmal aufs Klo.

„Das ist wirklich ein Phänomen. Alle Patienten, die hier reinkommen, gehen erst mal auf Klo. Vor allem die Ladies. Deshalb hab ich das Gäste-WC auch etwas keck gemacht." Er öffnete mir die Tür.

Da ich mich bei fremden Menschen und auf öffentlichen Toiletten aus Prinzip nie auf die Klobrille setze, ging ich in die Hocke. Während ich ein paar Tropfen Pipi machte, fiel mein Blick auf ein Foto an der Wand gegenüber: Manfred im Cowboyhut. Dann entdeckte ich Manfreds Band. Sie trugen alle Cowboyhüte und spielten in einer Kneipe. Die hieß „Der Hammer". Oder war es doch der Bandname? Ich war mir nicht sicher.

Neben dem Foto und den unzähligen Kreiszeitungsausschnitten, in denen die Band zu sehen war, hing eine aufwändig eingerahmte Urkunde:

„Platz 1 geht an die Countryband ‚Der Hammer'. Es spielten in unserer Kneipe namens ‚Der Hammer' fünf Bands. Herzlichen Glückwunsch an die gleichnamige Band!"

Na, herzlichen Glückwunsch.

„Erika, ist alles okay da drin, oder bist du ins Klo gefallen?"

Manfred lachte laut über seinen Witz.

„Alles okay, bin gleich da."

„Gibt viel zu sehen da drin."

Allerdings.

Bevor ich die Tür zu meiner zehnstündigen Therapie öffnen konnte, sah ich auf einem weiterem Foto Manfred mit seiner (vermutete ich) Frau oder Freundin vor dem Eiffelturm. Sie war sicher zwanzig Jahre jünger, trug einen Jeans-Minirock und ein weißes Shirt ohne BH drunter. Die Brüste waren gemacht. Die Lippen auch.

Eigentlich egal, dachte ich, ist ja ihr gutes Recht.

Sie trug auf dem Bild goldene Sandalen aus Kork. Die Haare waren gelbblond, und ich muss gestehen, dass ich mich schon fragte, was sie an Manfred süß fand.

Egal, dachte ich wieder. Das ist nicht deine Angelegenheit, sagte mir die vernünftige Erika ins Ohr. Sie schienen ja schließlich glücklich zu sein, und der Urlaub war sicher mit einer romantischen Bootstour verbunden…

Tür auf. Tür zu.

„Ich zeig dir jetzt mal den Garten. Pass auf, wir setzten uns jetzt hier draußen auf die Gartenstühle. Ich rauch mir erst mal ein Zigaröllchen."

Er hielt mir die Packung entgegen.

„Rauchst du?"

„Danke, nein, gerad nicht. Manchmal schon, aber jetzt nicht."

Ich hatte noch nichts gegessen, dafür fünf Kaffee getrunken. Mir war schlecht und ich war nervös.

„So, jetzt leg mal los. Wat is da los bei dir?"

„Haben Sie meinen Lebenslauf bekommen?"

„Ja, aber hallo hab ich das. Mein lieber Scholli, da hast du schon ne Menge Scheiße erlebt, holla die Waldfee, du. Ich will dich aber nochmal sprechen hören."

Da wir immer noch im Garten waren, wagte ich zu fragen: „Geht das jetzt schon los mit der Therapie?"

„Wir sind schon so was von mittendrin."

Mir wurde noch schlechter. Ich saß bei einem Hobby-Countrysänger im Garten, dessen Band „Der Hammer" hieß, inspiriert von seiner Stammkneipe gleichen Namens, und der ein Zigarillöchen nach dem anderen rauchte. Diesem Menschen hatte ich vorgestern 2000 € überwiesen. Mein Hirn steuerte dagegen. Er hat es mir versprochen, dachte ich, er hat mir versprochen, dass meine Panikattacken vorbeigehen, und die junge Schauspielerin auf YouTube hat es auch versprochen. Sei nicht so voreingenommen. Du bist zu arrogant und musst an deinem Misstrauen arbeiten.

Ich fing bitterlich an zu weinen und legte meinen Kopf in die Hände.

„Super, darauf hab ich gewartet. Ich hab schon gedacht, wann legt sie endlich los? Das ist immer genau der Zeitpunkt, an dem alle anfangen zu weinen. Das gehört alles mit zum Prozess."

Was er nicht wusste, war, dass ich um die 2000 € weinte und mittlerweile sehr zweifelte, dass das hier richtig war. Ich blieb aber. Ich hatte viel Geld bezahlt, und so schlecht konnte Manfred ja nicht sein.

Okay, Kopf aus. Einfach weitermachen.

„Pass ma auf, wir machen jetzt mal ne Übung. Ich zeig dir mal was. Zuerst zeigst du mir aber, wie es um deinen Blutumverteilungsstatus aussieht."

Er ging zu seinem Gartenhäuschen und zeigte auf eine Reihe von Brettern, die in unterschiedlicher Höhe an der Wand des Häuschens angebracht waren.

„Von unten bis oben – wie doll ist deine Blutumverteilung?"

Ich entschied mich für das zweite Brett von oben.

„Aha, sehr hoch. So, jetzt pass ma auf."

Manfred betrat das Gartenhäuschen und kam mit einem riesigen dunkelgrünen Mantel raus. Vermutlich war er Jäger in seiner Freizeit, neben seiner therapeutischen

Tätigkeit. Bedächtig zog er mir den Mantel an, als wäre es eine Abendgarderobe.

„So, jetzt pass ma auf. Ich hol jetzt einen Ziegelstein."

Er kam tatsächlich mit einem Ziegelstein wieder.

Er steckte mir den Ziegelstein in die eine Manteltasche.

„Ich hol jetzt noch einen Ziegelstein."

Er ging wieder in sein Gartenhäuschen. Und wieder. Bald hatte ich sechs Ziegelsteine in jeder Tasche und klare Anweisungen:

„Siehst du das Grundstück hier?"

Ich drehte mich, so gut ich konnte, um und entdeckte hinter einem Busch noch eine weitere Gartenanlage.

„Das hab ich damals von meinem Onkel geerbt, das Ganze hier, und der Nachbar hatte mich so gern als Kind bei sich, ich bin ja hier großgeworden, da hat mir der Nachbar, der Willi, das Grundstück einfach vererbt. Der Hammer, oder?"

Ich konnte kaum noch aufrecht stehen. Ich musste an meine Mutter denken, die eine Kyphose hatte, einen Buckel.

„Jetzt gehen wir mal zum Grundstück nebenan. Ich möchte, dass du einen großen Kreis drehst."

Ich ging los, ohne Zweifel. Einfach weitermachen.

„Das tut weh, oder? Das wird immer schwieriger, oder? Jetzt stell dir mal vor, der Mantel ist deine Seele und die Steine sind deine Probleme. So komm mal her, Kind, du bist ja schon ganz blass geworden."

Manfred befreite mich Stein für Stein von der Last. Ich schwitzte sehr, und er roch aus dem Mund nach Aschenbecher. Keine Ahnung, was schlimmer war: sein Mundgeruch oder mein Steinmantellauf durch das spießige Grundstück von Nachbarn Willi, Gott hab ihn selig.

„Wie geht es dir jetzt, wo du befreit bist von der Last?"

„Naja, also ich bin auf jeden Fall… erleichtert."

„Genau! Darauf wollte ich hinaus! Du bist erleichtert! Je weniger Probleme, desto weniger Last, oder?"

„Ja…“

„So, fahren wir fort. Ich hol jetzt Kartons.“

Er gab mir einen leeren Umzugskarton in die Arme. „Jetzt pass ma auf, ich hol noch mehr Kartons.“

Bald hatte ich fünf aufeinandergestapelte Umzugskartons in den Armen und ahnte, worauf das Ganze hinauslaufen würde.

„Jetzt lauf mal wieder durch den Garten! Aber diesmal möchte ich, dass du so lange läufst, bis du nicht mehr kannst.“

Ich lief und lief und sah und roch nur noch hellbraune feuchte Pappe.

„Wenn du nicht mehr kannst, sagst du einfach: ‚Ich kann nicht mehr, Herr Glocke!‘“, sagte er.

Ich war kaputt. Innerlich. Mit jedem Schritt, den ich ging, mit der feuchten Pappe vor der Nase, kam es mir mehr vor, als würde ich meine Leichen aus dem Keller lassen. Die Leichen, die ich in den feucht gewordenen Kartons aus dem Keller trug und sogar 2000 € dafür gezahlt hatte, dass ich es durfte.

„Ich kann nicht mehr, Herr Glocke.“

„Ja, ich habe Sie gehört. Aber ich glaube, Sie können noch.“

Ich erinnerte mich an eine Szene aus meiner Kindheit, in der ich im griechischen Kindergarten gezwungen worden war, mein Essen aufzuessen, obwohl es nach Kotze schmeckte. Die Erzieherin zog mir an den Haaren und sagte: „Du isst das jetzt, sonst gibt's Ärger!“

Als keiner schaute, tippelte ich zum Klo, öffnete den Spülkasten und kippte das Essen rein. Ich dachte damals, dass das weniger Aufmerksamkeit erregen würde, als wenn ich es einfach runterspülen würde. Runterspülen ist schließlich laut. Etwas ließ ich immer auf dem Teller, damit es nicht ganz so auffiel. Ich bekam Applaus für mein Verspeisen. Tag für Tag ließ ich mich feiern. Doch eines

Tages stank es so bestialisch auf dem Klo, dass die Kindergartenleitung einen Spezialisten rief. Schnell wurde klar, woher der Geruch kam.

„Du mieses, kleines Drecksstück! Schämen sollst du dich! Ich weiß genau, dass du das warst!“

Sie zog an meinem rechten Ohr und drehte es dann um 180 Grad.

Im Garten von Herrn Glocke, mit den Kartons auf dem Arm, bekam ich bald Mitleid mit mir selbst. Im Inneren wusste ich, dass das Geld verschwendet war, aber trotzdem hoffte ich noch auf ein großes Ereignis. Das Bisherige konnte ja nur eine kleine Einleitung gewesen sein.

„Herr Glocke, ich kann nicht mehr!“

Ich fing an zu weinen und wollte nach Hause. Mit Karton oder ohne. Egal. Hauptsache weg.

Stattdessen hörte ich, wie Herr Glocke zu mir sagte: „Bei dieser Übung werdense alle schwach! Das scheint echt was auszulösen. Ja, wein ruhig. Das muss raus. Kann alles raus. Jetzt pass mal auf, Mädel, wir gehen jetzt runter in meine Praxis.“

Wir liefen durch das Haus. Ich entdeckte weitere Bilder von seiner jüngeren Frau. Auf Malle. Silikon. Rosa Lippen, gelbe Zähne. Na und, anhand des Aussehens kann ich doch keinen bewerten, dachte ich wieder.

Wie betraten den Keller. An der Wand ausgedruckte Buddhabilder mit Weisheiten wie „Liebe dein Leben“. Window Color assistierte mir beim Herabsteigen in die Praxis, ein misslungener Window-Color-Lebensbaum und eine Lotosblüte schmückten die Praxistür. Das Tor zum Glück. Window Color, öffne dich!

Auf den ersten Blick sah es aus wie eine Abstellkammer.

Auf den zweiten Blick auch.

Beim dritten Blick erkannte ich, dass es eine Abstellkammer war.

In einer Ecke, zwischen einem Tretrad und einem Paar Hanteln, entdeckte ich einen schwarzen Sessel. Er bat mich, mich zu setzen. Der Geruch kam aus der Steckdose: Airwick Lotuszauber Bora-Bora Mood. Liebe aus der Steckdose.

„Hier liegt ein Buch", sagte Manfred. „Mit dieser Lektüre lasse ich Sie jetzt fünfzehn Minuten allein. Ich geh eine piefen und bin dann gleich wieder da."

Ich nickte.

Das Buch kam mir bekannt vor: „Der angekettete Elefant" von Jorge Bucay. Fantastische Kurzgeschichte, die ich im ersten Semester meines Studiums gelesen hatte. Grundlektüre für zukünftige Theaterschaffende.

Sie handelt von einem Elefantchen, das jahrelang angekettet einen Zirkus begleitet und sehr mies behandelt wird. Der Zirkus verlässt nach vielen Jahren die Stadt, und das traurige Elefantchen bleibt zurück. Jahrelang steht es dort, angekettet, einsam und allein, am Ende seiner Kräfte. Eines Tages kommt ein kleines Kind vorbei und bittet das Elefantchen, mitzukommen. Dieses sagt, dass das nicht ginge, da es ja angekettet sei. Doch das kleine Kind zeigt ihm, dass seine Kette kaputt ist und nur an seinem Bein hängt. Elefantchen hat jahrelang aus Gewohnheit gedacht, er sei angekettet. Hätte er genau hingeschaut, hätte er schnell gemerkt, dass die Kette schon längst kaputt gegangen und er die ganze Zeit frei war. Armes Elefantchen…

Ich hörte Manfred die Treppen runterkommen.

„Ist das nicht ne Hammer-Geschichte?"

„Ja, absolut. Ich kenne diese Geschichte schon sehr lange. Ich mag Jorge Bucay."

Manfred stockte der Atem. Nach ein paar Schnappatmungen fand er seine Stimme wieder.

„Wissen Sie eigentlich, wie intelligent Sie sind?"

„Weil ich die Geschichte kenne?"

„Wissen Sie eigentlich, wie gebildet Sie sind? Ich bin völlig aus dem Häuschen!“

Kurz glaubte ich ihm und war ganz stolz auf mich. Vielleicht hatte mich dieses eine Kompliment 2000 € gekostet.

„Ich habe mir ja Ihren dreiseitigen Lebenslauf durchgelesen. Dachte, ja, das Mädel hat schon echt viel Scheiße erlebt. Also wirklich schreckliche Dinge. Eine Familie voller Sucht, Drogen, Schizophrenie, bipolarer Störung, ein Becken voller Narzissten! Trauma und Geheimnisse, die filmreif sind. Ein missbrauchtes kleines Mädchen namens Erika, das dann auch noch ein behindertes Kind gebärt! Das Leben ist manchmal echt ein Arschloch, oder?“

Ich nickte und sah dabei bestimmt aus wie eine Dreijährige.

„Aber wissen Sie, was ich jetzt mache?“

Ich war wirklich sehr gespannt.

„Ich pack dat Ding jetzt innen Schredder.“

Ich klimperte mit den Wimpern wie in der Sendung mit der Maus. Klimper, klimper.

„Sie packen ‚dat Ding‘ jetzt innen Schredder?“

„Ja!“

„Welches Ding?“

„Ihren Lebenslauf, Frau Erika!“

Er packt mein Ding jetzt in den Schredder, dachte ich. Ich habe vorgestern jemandem 2000 Euro überwiesen, damit er dat Ding jetzt innen Schredder packt. Mein Lebenslauf wird geschreddert, und ein Typ mit Schnauzbart und einer Kneipen-Countryband namens „Der Hammer“ erfindet das Rad neu, nimmt Geld dafür und nennt sich Therapeut. Im Wort „Therapie“ ist ja die Heilung inbegriffen, aber ich trage stattdessen in einer Jägerjacke mit Ziegelsteinen, leere Umzugskartons durch einen spießigen Garten.

Der Mond ist aufgegangen. Ostern. Auferstehung. Frohes neues Jahr. Dispo.

Nachdem dat Ding jetzt in den Schredder gepackt worden war, gingen wir wieder vom Hobbykeller nach oben.

„So, wollen wa schön im Garten noch eine zum Abschluss rauchen?"

Draußen begab sich Manfred wieder zum Gartenhäuschen.

„Von unten bis oben, von hier bis hier: Wie groß ist Ihre Angst jetzt? Ich sach jetzt einfach mal Angst. Sie wissen ja, was ich meine. Sie haben das Wort ‚Blutumverteilung' ja schließlich längst verankert, nicht wahr?"

Es fiel mir schwer, diese Frage zu beantworten.

„Ich weiß es nicht."

„Einfach instinktiv, wo würden Sie Ihre Angst hin platzieren, einfach aus dem Bauch heraus."

Aus dem Bauch heraus. Instinktiv. Ich hatte gar keinen Bauch in diesem Moment, keinen Instinkt. Es stank nur. Sein Maul. Nach Aschenbecher.

Ich erinnerte mich an einen Buchtitel aus einer esoterischen Buchhandlung, den ich mal überflogen hatte, „Die Urinstinke der Frau". Ich ging täglich mit diesem Nebengedanken spazieren und fragte mich, was wohl die Stinke des Urins einer Frau so bewirken könnte, durch die esoterische Brille betrachtet. Bis ich einer Freundin davon erzählte und sie mich auslachte und belehrte, dass es um die Ur-Instinkte gehe. Ich war etwas enttäuscht. Ich mochte mein Wortspiel lieber.

„Vielleicht so mittig", antwortete ich Manfred.

„Ja, das ist völlig normal, Sie werden sehen, das wird von Tag zu Tag immer besser und besser, aber dazu müssen Sie auch fleißig Ihre Hausaufgaben machen."

„Hausaufgaben?"

„Ja, natürlich. Sie müssen all das, was wir hier besprochen haben, alle Übungen täglich wiederholen."

„Ach so..."

Ich stellte mir vor, wie ich im Jägermantel und mit aufgestapelten Kartons im Arm durch meine Nachbarschaft im Bremer Viertel rannte. Ganz normal. Als wäre nichts. Vielleicht könnte ich mit einem Umzugsunternehmen einen Deal eingehen und eine Marktlücke füllen.

„Therapie während des Umziehens" oder auch „Der Depp vom Garten" oder auch „Schreddermann 3. Das fetzt!" oder auch: „Revolution im Gartenhäuschen".

„Wissen Sie was, wir zwei gehen jetzt nochmal schön was essen, und dann werden Sie sehen, dass Sie nicht mehr ansatzweise Stößchen bekommen werden."

„Ich möchte nach Hause."

Irritiert schaue er mich an.

„Ja, klar, auch kein Problem. Ich bringe Sie zum Bahnhof."

Ich wollte heim zu meinem Wüstenfuchs und mit niemandem über diesen Tag sprechen. Ich wusste, dass ich denen, die fragten, erstmal sagen würde, dass es ganz gut gewesen sei, weil ich mich so dafür schämte, für diesen Müll dermaßen viel Geld ausgegeben zu haben.

Manfred nahm mich in seinem dicken Auto mit. Zwischendurch fragte er, ob alles in Ordnung sei.

„Ja, Danke für alles."

„Sagense Mal, eine Frage hab ich noch, bevor ich Sie gehen lasse. Du bist ja auch Schauspielerin."

Ich ahnte nichts Gutes. „Ja, auch."

„Was glaubst du, wenn ich mit meinen Jungs, die von meiner Band… Ich hab ja ne Band mit fünf Jungs hier vor Ort."

„Ah, interessant."

„Ja, ist der Hammer, so heißen wir auch." Er lachte laut.

„Echt witzig", sagte ich.

„Ey, jetzt ma ganz ehrlich, ne... Wenn ich mit meinen Jungs von der Band zu Deutschland sucht den Superstar gehe, zu Dieter Bohlen, meinst du, das kann man da einfach so machen? Oder kennst du da vielleicht jemanden, der schon mal da war? Hast du eine Connection? Ich meine, wir machen das ja auch schon ein paar Jährchen, an Erfahrung fehlt es uns nicht. Sollen wir das einfach mal wagen?"

Mir wurde kotzübel.

Ich schaute auf die Uhr und stellte fest, dass von der zehnstündigen Therapiesitzung erst drei Stunden vergangen waren.

Ich wollte weg.

„Ähm... also ich kenn da keinen, aber ja, klar, warum nicht einfach mal machen."

„Einfach mal machen, oder?"

„Einfach mal machen."

„Hab ich auch gedacht. Das tut gut, dass du das jetzt so bestätigst. Ich hab ja schließlich, eigentlich, wenn du so willst, nix zu verlieren."

„Das stimmt. Sie haben gar nix zu verlieren."

Er hielt an. Ich öffnete die Tür und übergab mich.

„Gute Heimfahrt, Mädchen. Du kannst immer anrufen, wenn was ist! Der gute alte Manfred ist immer für dich da!"

Mama

Ich höre ihre Stimme, und bei mir entstehen stramm gezogene Knoten. Nasse Knoten.

Ich warte darauf, dass sie trocknen. Seit Jahren.

Sie hat mich sicher innig geliebt, als sie mich das erste Mal sah.

Je mehr die Tage vergingen, desto schwieriger wurde es wahrscheinlich für sie.

Ich wurde zur Frau, die ihrem Ehemann, genannt mein Vater, immer mehr die Aufmerksamkeit entzog.

Ich dufte nicht lieben. Nur mit schlechtem Gewissen.

Mein Vater und ich sahen uns selten.

Ich entwickelte einen Fantasiefreund, der stets an meiner Seite war, wenn ich zum Beispiel Papa vermisste. Oder wenn ich plötzlich Angst bekam. Oder wenn ich erneut das Bett nässte. Bis ich 15 war.

Ich weiß noch sehr genau, wie ich mit meiner Mutter durch die Straßen lief und uns fünf Glatzköpfe mit Bomberjacken und Springerstiefeln entgegenkamen. Ich betete:

„Bitte lieber Gott, mach es, dass sie nicht anfängt zu sprechen."

Sie hatte einen ausgeprägten griechischen Akzent, den man definitiv nicht überhörte. Der Nazitrupp erkannte trotz ihres Schweigens, dass sie keine Deutsche war. Ich hielt ihre Hand ganz doll fest, und mein Herz pochte wild. An der anderen Hand hielt ich meinen Fantasiefreund Paul fest.

Die Naziblicke bohrten sich durch unser Mark und Bein. Es passierte nichts. In meinem kleinen Erikakopf war ich mir sicher, dass Fantasiefreund Paul uns gerettet hatte. Ich denke, dass ich mal als Kleinkind diesen Namen Paul irgendwo aufgeschnappt habe. Ich kann mich lose erinnern, dass ich mal in einem Supermarkt war und eine Mutter ihren Sohn Paul mehrmals rief, er solle sich gefälligst benehmen. Dieser Paul sah so süß aus, dass ich als Klein-Erika wahrscheinlich Mitleid empfand und es außerdem witzig fand, dass er ein Frechdachs war.

Als mein Vater mitkriegte, dass ich einen Fantasiefreund hatte, mit dem ich gelegentlich redete (eigentlich sehr oft), spielte mein Vater den kleinen Jungen namens Paul nach. Er gab ihm den Nachnamen „Paulsn“.

Paul Paulsn also, der eine kindliche Figur darstellen sollte, die immer Kind bleibt. Es war für uns eine Möglichkeit, die Kindheit festzuhalten.

Mein Vater verstellte seine Stimme und wurde kindlich, etwa vier Jahre alt war Paul Paulsn, konnte nicht richtig sprechen und benutzte sein eigenes Vokabular. Er war so niedlich und hatte einige Ticks.

Seine Finger waren stets ausgestreckt.

Der Zeigefinger guckte raus und wurde zum Haken geknickt.

Beim Laufen hopste er zwischendurch. Einfach so.

Meine Mutter hasste Paul Paulsn.

Weil Paul mich mehr liebte als sie. Falsch.

Für Paul existierte die Mutter gar nicht. Er hatte eher Angst vor ihr.

Immer wenn ich mit Paul war, beschwerte sich meine Mutter und befahl uns, dieses Spiel sofort zu unterbrechen.

Ich lachte viel mit Paul, und es war stets traurig, den Kontakt mit ihm immer wieder abzubrechen. Doch Paul und ich fanden immer wieder einen Weg zueinander. Wir erzählten Quatsch und kicherten.

Da auch mein Bruder unter der nicht vorhandenen Aufmerksamkeit litt, machte er etwas sehr Süßes. Er wurde selber zu Paul. Paul 2. Paul 2 Brudison war geboren.

Es entstand eine Art Konkurrenz zwischen den Pauls. Aber eine liebevolle Konkurrenz.

Paul 2 zeigte sich nur kurz und verschwand wieder sehr schnell. Während Paul 1 sich gar nicht schämte, auch in der Öffentlichkeit aufzutreten. Ihm war es egal, was die Menschen von ihm hielten. Paul 2 hatte eine gebückte Haltung, eine ausgeprägte Kyphose, und seine Lippen verschwanden nach innen. Paul 2 hatte auch einen Hund namens Aggrio. Aggrio war eigentlich ganz lieb und war eher da, um Paul 2 zu beschützen. Paul 2 war sehr naiv und oft hilflos. Er brauchte ständige Betreuung. Mit beiden Pauls konnte man über alles reden. Im Grunde genommen waren die Pauls gleich. Sie wurden zu meinen besten Freunden.

Meine Mutter zu meiner Feindin.

Sie fragte mich, ob ich mich nicht schäme, so ein lächerliches Spiel zu spielen. Dass es ekelig sei, so mit seinem Papa zu spielen.

Herzlich willkommen, Schuldgefühl.

Ich erinnere mich gut, als mein großer Bruder und ich bei meiner Tante in Griechenland untergebracht waren, da meine Mutter leider erneut an einer schizophrenen Episode litt und die nächsten Monate in einer geschlossenen Psychiatrie verbringen sollte. Ich war vier. Mein Bruder und ich spielten auf dem Balkon. Wir hatten Mama seit mehr als drei Monaten nicht gesehen, und uns wurde auch nicht gesagt, wo sie ist und wann sie wiederkommt. Es wurde einfach verschwiegen. Mein Vater war zu dem Zeitpunkt in Deutschland auf Entzug. Ein ewiges Hin und Her. Hunderte Neuanfänge und Abbrüche. Trennungen und Hoffnungen auf Bindung, stattdessen Erblindungen und kein Licht im Blick. Kindliche Fata Morganas, das es dann doch vielleicht an der Tür klingelt und der Papa dasteht und Paul Paulsn wieder mitbringt.

Wir hörten eine Frauenstimme von weitem sich nähern. Eine Frau, barfuß, mit einem bodenlangen, hellgrauen Mantel, drunter nackt, erschien auf der Straße. Es war unsere Mutter. Kaum hatten wir es realisiert, fuhren zwei Polizeiautos auf sie zu. Wir riefen:

„Mama! Mama! Mama!“

Die Polizei stieg aus und nahm sie fest. Sie war aus der Geschlossenen abgehauen und hatte fast den Weg bis nach Hause geschafft. Als mein Bruder und ich erneut riefen, schaute sie in Zeitlupe nach oben, zu uns auf den Balkon. Fragend fesselte sie uns mit ihrem Blick:

„Wer sind diese Kinder?“

Fassungslos schauten mein Bruder und ich uns an. Im selben Moment rannte meine Tante zu uns und riss uns vom Balkon rein ins Wohnzimmer.

„Ich will zu Mama! Warum hat die Polizei Mama geholt? Die waren böse zu Mama!“

Wir versuchten, uns loszureißen von unserer Tante, um wieder auf den Balkon zu stürmen.

„Ihr bleibt hier! Jetzt ist Schluss!“

„Ich will aber zu Mama!!“

Als wir es schafften, wieder auf den Balkon zu kommen, hatte sich die Situation bereits aufgelöst. Die Polizei war mit Mama weggefahren, zurück in die geschlossene Psychiatrie. Mama sei krank und müsse ins Krankenhaus, wurde uns dann gesagt. Ich stellte mir damals vor, wie sie mit dem hellgrauen Mantel durch die Straßen Athens irrte und den Weg nach Hause ging. Den Weg zu ihren Kindern. Angekommen war sie wahrscheinlich so kaputt, dass sie uns nicht erkannte. So dachte ich es mir damals. Mein Bruder und ich spielten die darauffolgenden Tage die Szenerie nach. Einmal war er Mama und ich die Polizei, einmal andersrum. Allerdings war unser Ende immer so, dass Mama uns danach ins Bett brachte.

Spielen ist schön.

An meinem sechsten Geburtstag wurde mir versprochen, dass Papa am Abend nach Athen kommt. Aus

Deutschland mit dem Flugzeug. Der Tag begann, und ich machte mich schick, zog mich und meine Puppen an und freute mich auf abends. Es wurde dunkler. Je dunkler, desto besser, dachte ich.

„Jaja, der verspätet sich noch."

Ich wurde langsam müde, und meine Zöpfe wurden lose. Ich fragte jede zehn Minuten nach... Ich dachte mir, dass das Flugzeug sich verflogen hatte.

„Wann kommt Papa?"

Ich war zwar gerade sechs, aber ich war nicht dümmlich.

„Mama? Papa kommt nicht, oder? Du sagst mir das nur, damit ich nicht traurig werde, oder? Weil ich Geburtstag hab. Weil ich Papa seit so langer Zeit nicht gesehen hab, richtig?"

Schweigen wie immer.

Die nächste Erinnerung ist, dass ich mich morgens in meinem Kleid auf dem Sofa vorfinde. Ich war eingeschlafen. Wartend. Die Zöpfe waren fast entflochten durch den Schlaf.

Auf dem Wohnzimmertisch sah ich das Lederadressbuch meiner Mutter. Ich wusste, dass Mama immer auf die erste Seiten des Adressbuches schaute, um Papas Telefonnummer ins Telefon einzudrehen. Ich erkannte den Buchstaben „B", wie der Anfangsbuchstabe des Namens meines Papas. 0049 für Deutschland.

0421 für Bremen. Die Drehscheibe drehte sich. Es piepte.

„Rollmann?"

Eine weibliche Stimme erklang.

Ich wusste, dass Papa bei einer Frau Rollmann untergebracht war. Zu dem Zeitpunkt konnte ich noch kein Deutsch, und ich unterhielt mich mit meinem Papa damals noch auf Griechisch. Er hatte es erstaunlich gut gelernt. Die einzigen Wörter, die ich auf Deutsch konnte, waren Maus, Haus, Mama & Papa. ,

„Maus, Haus, Papa."

„Ah, hallo Erika, du willst bestimmt mit deinem Papa sprechen."

Frau Rollmann rief meinen Papa.

„Meine Tochter!", erklang es auf Griechisch.

„Papa. Wo bist du? Ich warte auf dich. Hier. Ich bin zu Hause bei Mama. Sie haben gesagt, dass du kommst. Alle. Mama. Opa. Onkel. Tante."

Stille....

Ich hörte meinen Papa winseln. Er weinte wie ein kleines Kind.

„Papa? Maus? Papa ist Maus?"

„Ich verspreche es dir, ich komme, sobald ich kann. Ich verspreche es dir, mein Kind. Ich komme. Ich bin bald da."

„Soll ich noch warten? Es gibt noch Torte. Ich bewahre davon was auf für dich."

„Nein, mein Kind. Iss deine Torte auf. Das ist deine Torte. Du bist jetzt bald ein Schulkind. Du gehst bald zur Schule, mein Kind."

„Papa?"

„Ja mein Kind?"

„Ich will zu dir nach Deutschland."

Es war einmal ein kleines Mädchen namens Mama.

Sie wurde regelmäßig von den älteren Jungs der Nachbarschaft abgeholt.

Spielen ist schön.

Als die Jungs älter wurden, wurden sie neugierig auf das weibliche Geschlecht und brachten das kleine Mädchen namens Mama in eine alte Fabrikhalle, wo sie an einen Stuhl gefesselt und über mehrere Stunden vergewaltigt wurde. Als sie später als verabredet nach Hause kam, kriegte sie Schläge von ihrem Vater. Sie solle sich gefälligst benehmen.

Die Jungs fanden Gefallen daran und die Fabrikhalle wurde öfter besichtigt. Sie war klein und schämte sich, wagte keinem etwas zu sagen. Es war wohl nicht ihre erste Erfahrung, denn als sie noch in einem Dorf wohnten, bevor die Familie damals nach Athen zog, um zu arbeiten, sprach man öfter über die Dorf-Opas, die sich an Ziegen und kleinen Mädchen befriedigten.

Man sprach davon, dass, als sie als junge Studentin in Paris wohnte, eines Nachts von einem Mann überfallen und vergewaltigt wurde. Einfach so.

Es war einmal ein kleines Mädchen mit niedlichen Sommersprossen, die regelmäßig Prügel kassierte, wenn sie sich nicht benahm.

Es war einmal ein kleines Mädchen, die einem fremden Mann all ihre Geheimnisse anvertraute und ihm sagte, dass es nicht schön ist in der Fabrikhalle. Sie könne ihm alles anvertrauen. Sie müsse ihm aber schon genau zeigen, was die Jungs mit ihr gemacht haben, damit er ihr auch glauben kann.

Es war einmal ein sehr, sehr süßes Mädchen, das geliebt werden wollte.

Ihr wurde die Liebe geklaut.

Seitdem ist sie auf der Suche danach und geht über Leichen, um sie zu finden.

Gib bitte jemand dem kleinen Mädchen ihre Liebe wieder! Bitte!

Eines Tages, als ich erwachsen war, und ich mich inmitten einer Lebenskrise befand, überflutet von Panikattacken und fehlgeschlagenen Medikamenteneinnahmen, hielt ich meinen Kummer nicht aus und nahm mir fest vor, meiner Mutter zu erzählen, was mein Onkel mir gelegentlich antat. Beziehungsweise dass ich zum Objekt seiner Begierde wurde. Wir saßen im Franchise-Bistro namens Alex.

„Mama... dein Bruder... ich muss irgendwann mit dir darüber reden."

„Ich weiß, Erika. Ich weiß, was du sagen willst. Ich verstehe dich", sagte sie auf Griechisch.

„Was weißt du denn? Du weißt, dass er mich manchmal…"

„Ja, ich weiß das, und ich sage dir eine Sache: Er konnte nichts dafür, und du konntest auch nichts dafür. Ich sag dir jetzt mal was…", fuhr sie auf Griechisch fort, „als ich ein kleines Mädchen war, ist mir das Gleiche passiert..., aber es waren verschiedene Männer. Und ich sag dir mal noch was: Der Schmerz sitzt tief, aber es wird besser. Es wird besser, glaub mir – Θα το ξεπεράσεις."

An diesem Tag bekam ich so viel Fürsorge und Verständnis wie noch nie in meinem Leben.

Die Tatsache, dass sie es ein Leben lang wusste, was hinter verschlossenen Türen abging, und mich nie beschützte, und dass ihr so oft die Hand ausrutschte und sie mich zutiefst beleidigte, das alles war völlig egal und irrelevant, da meine Mama mich tröstete.

Ich bekam so viel Liebe in diesem Franchise-Bistro Alex. Ich erinnerte mich daran, dass das Pferd Alexanders des Großen namens Bukephalos sich vor seinem eigenen Schatten fürchtete und scheute. Der Vater Alexanders war Philipp, und er sagte zu ihm:

„Geh, mein Sohn, suche dir ein eigenes Königreich."

Sie nahm meine Hand. Ihre raue Hand legte sich auf meine. Ich hatte die Finger meines Vaters und die Nägel meiner Mutter geerbt.

In einer Silvesternacht bei meiner Freundin Loki nahm ich meine Eltern mit. Es hatte hoch geschneit, und der Sekt war bei den Erwachsenen schon geflossen. Meine Eltern hatten Bier. Mein Bruder, Loki und ich zeichneten mit Wunderkerzen in die Luft. Es waren viele Menschen auf der Straße, und meine Eltern waren schon sehr alkoholisiert.

0 Uhr. Raketen. Feuerwerke. Umarmungen. Das erste Bild, das ich im neuen Jahr sah, war meine Mutter, wie sie vor mir steht und einen Böller in der Hand hält. Die Lunte brennt. Sie schaut auf den Böller, ich schaue auf meine Mama. Er explodiert. Stille. Alle tummeln sich um meine Mutter und fragen, ob es ihr gut geht, ob sie sich verbrannt hat. Ob wir einen Notarzt holen sollen. Ich renne rein in den Flur des Hauses, aber nicht um Pflaster und Verbandszeug zu holen, sondern um zu weinen. Ich weinte vor Fremdscham und weil meine Mama wie ein Kind aussah und alle sich Sorgen machten um sie. Warum hat sie den Böller nicht weggeworfen? Warum hat sie den Böller in ihrer Hand explodieren lassen? Es gab doch nur zwei Möglichkeiten. Entweder sie war zu betrunken und hat es einfach nicht gut eingeschätzt, oder sie wollte mich retten, weil ich plötzlich vor ihr stand. Und anstatt ihn zu werfen, ließ sie sich lieber selbst daran verbrennen, anstatt mir weh zu tun. Sie wollte mich bestimmt retten. Sie tat es aus Liebe, dachte ich. Sie muss es einfach aus Liebe getan haben. Das musste der Grund sein. Alles andere wäre doch peinlich? Wäre das nicht einfach etwas, was eine Mama macht?

Als ich wieder rausging, nachdem ich mir die Tränen weggewischt hatte, sah ich, wie sie zu Lokis Mutter sagte:

„Hör auf jetzt, mir geht es gut."

Den ganzen restlichen Abend nahm sie ihre Hand nicht aus dem Schnee. Und wenn man sie gelegentlich fragte, wie es ihr geht, sagte sie: „Mir geht es gut."

Wüstenfuchs am Hauptbahnhof

Zurück zum Alltag.

Ein ganz normaler Sonntag.

Der Wüstenfuchs hatte mittlerweile einige irdische Worte gelernt.

An einem normalen Sonntag – ich saß auf meinem Sessel und dachte nach – ging langsam und behutsam die Tür auf. Geschmeidig und filigran trat der Wüstenfuchs ins Zimmer. Er blickte mir in die Augen. Sekundenlang. Ich versuchte zu verstehen, was er sagen wollte. Er blickte mich so an, als würde ich schon wissen, was er will. Ich tat es aber nicht. Ich ließ den Blick nicht los und hoffte und wünschte, dass er was sagen wird, und im selben Moment lachte ich mich selber aus. Ein sprechender Wüstenfuchs. Er blickte mich an und nickte, ohne zu sprechen. Er nickte ein paar Mal. Doch da passierte es:

„Bahuff."

Er sprach.

Er öffnete seinen Mund und sagte „Bahuff".

Na klar! Der Bahnhof!

Ich wohnte mit einem Wüstenfuchs in einem Haus, unter einem Dach, das war schon absurd genug, aber dass dieser auch noch anfing zu sprechen, hätte ich mir in meinem kleinen Erika-Hirn nicht denken können... Ein Wüstenfuchs wollte zum Bahnhof! Er wollte Züge anschauen, klar! Er liebte doch Züge! Wir liefen sofort los und waren sehr schnell am Bremer Bahnhof.

Der Wüstenfuchs wollte oft wegrennen. Er war ein Wüstenfuchs mit Weglauf-Tendenzen. Ich musste also immer sehr behutsam sein, wenn ich mit ihm unterwegs war, denn am allerliebsten rannte er einfach ziellos weg. Wir gingen an das Gleis, auf dem gleich ein Zug anfuhr. Und mit dem Wüstenfuchs auf meinem Schoß sitzend, beobachteten wir die ankommenden und fahrenden Züge.

So war nun jeder Sonntag.

Gucken, „Bahuff", sagen, loslaufen, am Gleis sitzen und Züge gucken. Ich verstand sehr schnell, warum er so gerne Züge mochte. Züge waren beständig, auf Züge war Verlass, und sie sahen immer gleich aus. Gleiche Anzahl an Fenstern, an Waggons und an Abfahrten.

Das war sicher eine beruhigende Abwechslung zu der unbeständigen, sich stets verändernden Welt um ihn herum. Auch ich Erika-Mama war sicherlich verwirrend für ihn. Immer wechselnde Garderobe, viel Farbe, viele Schichten, viele Variationen und Schminke, bunte Nägel und Haare, ausgefallene Düfte und Hüte. Einige nannten mich schrullig. Ich sah es immer als Kompliment. Was anderes blieb mir ja nicht übrig, denn ich hatte mich bewusst für diese Verkleidungen entschieden. Wir alle müssen uns ja kleiden. Warum nicht also verkleiden? Wenn wir schon nicht nackt rumrennen dürfen, dann entscheide ich mich für die bunteste, ausgefallenste Garderobe. Außen schön, damit das Innen sich drin wohl fühlt. Alles andere kommt dann schon. Außerdem kann man so schön vom Inneren ablenken, indem man zum Beispiel nur über gelbe Schuhe redet.

So saßen wir also jeden Sonntag an verschiedenen Gleisen des Hauptbahnhofs und schauten still. Manchmal kommentierte ich etwas, wie zum Beispiel: „Wow, ein roter Zug!", oder „Da kommt noch einer!"

Wie bescheuert.

Der Wüstenfuchs reagierte nie auf meine Kommentare. Ich muss wohl einfallsreicher werden, dachte ich immer. Oft dachte ich, während wir dort in Eiseskälte hockten und der Wind durch die Gleise zischte, dass uns sicher das Überwachungsteam des Bahnhofs schon registriert hatte. Jeden Sonntag, eine Frau mit Leopardenfell, mit einem Wüstenfuchs im Arm oder an der

Hand. Je nach Laune des Wüstenfuchses. Ich hätte großes Interesse daran, mal diese Bilder der Überwachungskamera zu sehen... Vor allem die Aufnahmen, auf denen der Wüstenfuchs nicht gehen wollte und sich flach auf den Boden legte und sich tot stellte, damit wir noch länger bleiben.

Ich war sonntags oft einfach kaputt und unendlich müde und wollte manchmal nach einer gewissen Zeit einfach nur nach Hause. Ich muss gestehen, dass ich ihn bewunderte für seine Bewunderungsfähigkeit, die wirklich lange anhielt, für Dinge, die ich nicht mal bemerkt hätte. Auf diese Eigenschaft war ich sogar neidisch. Stattdessen langweilte ich mich nach einer halben Stunde und wartete einfach nur die Zeit ab, bis wir wieder gehen konnten. Jeden Sonntag das gleiche Lied. Winter, Frühling, Sommer, Herbst... Mehrere Jahreszeiten verbrachten wir die Sonntage am Gleis.

Ein Sonntag sollte aber anders werden. Wir gingen los und kamen, wie fast immer, um ziemlich genau 15 Uhr auf dem Bahnsteig von Gleis 3 an. Hocken, schauen. 15 Minuten, 30 Minuten. Meine Beine krampfen, weil er auf meinem Schoß saß und er mittlerweile ein halb ausgewachsener Wüstenfuchs geworden war. Kurze Positionswechsel, 45 Minuten, er will wieder losrennen, ich halte ihn fest, betone zum 384. Mal, dass es zu gefährlich ist, wenn er hier rumrennt am Gleis. Er bleibt stehen und hockt sich wieder auf meinem Schoß. Zwei Stunden. Wir stehen langsam auf und laufen die Treppen runter zur Halle, um anschließend die Straßenbahn nach Hause zu nehmen. Kurz bevor wir die Treppen nach unten gehen können, kommt uns ein sehr attraktiver Mann entgegen, und ich merke schnell, dass er mich ansprechen wird. So was merkt man einfach. Er spricht mich an:

„Hallo, entschuldige bitte die Störung, ich..."

Der Wüstenfuchs zieht mich, er will weiter seinen gewohnten Weg gehen. Der junge Mann mit brauner

Lederjacke, Jeans und dunkelblonden, kurzen Haaren riecht nach Leder, mildem Herrenduft und Zeitung. Das erinnert mich immer an Flugzeugreisen. Ich antworte freundlich und ihm in die Augen schauend:

„Tut mir wirklich leid, ich kann leider nicht stehen bleiben, wissen Sie, dieser junge Fuchs hat seine Regeln, seine Welt, und ich muss mitgehen, sonst kreischt er und tut sich weh und mir dann auch und..."

Ehe ich den Satz zu Ende bringen konnte, sagte der junge Mann: „Es ist okay, ich weiß. Hier, bitte, das ist nur ein kleines Geschenk."

Er drückt mir eine graue Mappe in die Hand, die er mit einer roten Schleife zugebunden hatte. Er schaut mir in die Augen, ich auch in seine, und meine Hand fällt gleich ab vor lauter Fuchsgezerre.

„Ich... danke.. okay", stottere ich. „Danke..."

„James, ich bin James. Ich weiß nicht, was Sie davon halten und ob ich Ihnen zu nahe trete, aber ich will es Ihnen geben."

Ich höre den Satz nur noch aus der Ferne. Der Wüstenfuchs hat mich schon fast zum Ausgang gezogen. Ich rufe nochmal „Danke", und halte die Mappe fest in meiner Hand. Die andere Hand gehört dem Wüstenfuchs. Wir steigen in die Straßenbahn, und ich kann es kaum erwarten, bis wir zu Hause sind, um sie zu öffnen.

Innen und außen. Wirkung

Ich öffnete die Tür, und der Wüstenfuchs rannte wild in der Küche herum.

Ich ließ ihn rennen.

Ich nahm das Messer

Ich öffnete den Umschlag.

Bilderbuch.

Der Wüstenfuchs und ich auf Blättern.

Er hatte uns immer und immer wieder fotografiert.

Jedes Mal. Vom Gleis gegenüber. Zarte Berührungen auf einem Blatt.

Blätter können lebendig werden. Viele Blätter wurden wiederbelebt, mit dem Wüstenfuchs und mir, Mama Erika, als Farbe.

Ich sah uns und sah nur Liebe. Ich erinnerte mich an das Gefühl der Situation, wie wir die Züge anschauten, und fühlte fast nur Einsamkeit. Das ist die Innen- und Außenwirkung, dachte ich mir.

Ich sah nur ein Fuchskind mit seiner Mutter – ich sah Zuneigung und Wärme, obwohl es am Gleis immer zieht, und das zieht mich meistens runter.

Da ist ja doch Hoffnung, dachte ich.

Liebe. Mutter und Kind.

Jetzt, wo ich die Vogelperspektive einnehme, kann ich es ganz deutlich sehen.

Wäre es nicht besser, wenn ich mich auf den Weg in den Himmel mache? Dachte ich manchmal. Doch jetzt hatte ich das Album von James in der Hand, und jetzt gerade in diesem Moment brauchte ich nicht in den Himmel zu fliegen.

Heute nicht.

Außerdem ist der Wüstenfuchs noch da. Er braucht mich.

Und wer hat eigentlich gesagt, dass es Richtung Himmel gehen wird, wenn ich fliege?

Arme Pute

Weihnachten 2011, Bremen, Walle. Zirka 20:30. Mein mittlerweile erwachsener Bruder feierte Weihnachten mit seiner Frau bei sich zu Hause und lud ein. Mama war aus Griechenland da.

„Wie war dein Flug?“, fragte das Pärchen Klaus und Toni, während ihr lebhafter Schäferhund Willi durch die Wohnung hin und her rannte.

„Gut“, antwortete Mama einsilbig.

„Bist du gut durchgekommen?“

„Ja.“

Dimitri aus Bulgarien mit dem bulgarischen Akzent wollte einen Witz reißen:

„Gab Stau?“

„Nein.“

„Mama ist wahrscheinlich erschöpft von der Reise“, entschuldigten mein Bruder und ich unsere wortkarge Mutter.

„Außerdem hat Mama eine Riesenauswahl an Beilagen gemacht: Zaziki, Spanakopitakia, Tiropitakia, Melitzanes gemistes, griechischen Bauernsalat und Skordalia. Erika hat ihre köstlichen Walnusspralinen gemacht.“

„Wo haben gelernt?“, fragte Dimitri neugierig.

„Ich hab das einfach irgendwann mal ausprobiert und dann war es lecker.“

Dimitri nickte stolz: „Gute Frau.“

Klaus und Toni holten tief Luft, und wie im Chor sagten sie mit einem breiten Lächeln: „Wir haben die gefüllte Pute zubereitet!“

Der Blick meiner Mutter schwenkte streng zu mir und meinem Bruder. Klaus und Toni fuhren fort, während der Hund Willi auf sie sprang und die beiden ableckte.

„Wir haben unendlich viele Maronen reingemacht. Toni hat den Reis liebevoll mit Rosinen zubereitet."

„…und Klaus Losinen lein mackt in Leis."

„Woher kommen Toni?"

„Toni ist aus Thailand. Wir haben uns 1999 dort kennengelernt, als ich Urlaub machte."

Dimitri öffnete fragend seine Augen: „Zusammen?"

„Ja, zusammen. Toni und ich zusammen."

„Heiraten?"

„Heiraten auch, ja!"

Dimitri war streng orthodox und wurde blass. Meine Mutter zog meinen Bruder und mich in die Küche.

„Warum habt ihr mir nicht gesagt, dass die beiden Schwulen die Pute gemacht haben?"

„Warum ist das wichtig, wer die Pute gemacht hat, Mama? Du kennst doch die beiden."

„Ich mag die ja auch, und sie können auch meinetwegen schwul sein, aber das muss nicht heißen, dass ich von denen Essen essen will. Wer weiß, was sie mit der Pute gemacht haben, bevor sie sie gekocht haben."

Mein Bruder und ich verdrehten die Augen.

„Erzähl, Mama, was haben sie mit der Pute gemacht, hm?"

„Das weiß ich doch nicht. Und ich weiß auch nicht, was sie mit ihrem Hund machen."

„Was sollen sie denn mit dem Hund machen?", fragte die Frau von meinem Bruder.

„Lass mich in Ruhe jetzt. Ich werde kein Stück von dieser Pute essen. Toni ist bestimmt die Frau im Paar, oder?"

Mama erschrak, da Willi, der Hund, an ihrer Hand leckte.

„Wo hast du Desinfektionsmittel?"

Wir fingen an zu essen. Kerzen leuchteten, und auf Wunsch von Dimitri hörten wir orthodoxe Gesänge über Spotify übers Handy. Mama dippte sparsam in ihrem

Zaziki. Klaus und Toni unterhielten sich über ihren letzten Urlaub und die schönen Strände in Thailand. Dimitri schaute skeptisch auf die Pute.

„Wo haben geschlachten?"

„Geschlachtet? Nein, die Pute hat Toni gekauft. TK."

„TK-Krankenkasse? War Pute krank?"

„Nein, Dimitri, Tiefkühl. Die Pute war kerngesund."

Meine Mutter nickte ironisch und beugte sich zu mir rüber:

„Betonung auf ‚war gesund'."

Unter dem Tisch trat ich den Fuß meiner Mutter.

„Pst jetzt, Mama, und iss was von der Füllung."

„Ich werde, so lange ich lebe, keine schwule Pute essen."

Aus Höflichkeit nahm ich eine doppelte Portion Füllung, während Dimitri und Mama nach wie vor entsetzt die Pute anstarrten. Immer im Wechsel. Blick zur Pute. Blick zu Klaus und Toni. Blick zur Pute. Blick zu Klaus und Toni. Mit einem Mal sprang der junge Schäferhund auf den Schoß des Paares.

„Ja, will Willi auch Puti essi? Komm her, Willi, probier mal Puti, gutsu gustu!"

Während Willi am Tisch die Pute vom Teller probierte, sah man Dimitri sich mit geneigtem Kopf bekreuzigen. Immer und immer wieder. Während er das tat, sprach er die Psalmen von Spotify nach. Mein Bruder stand auf und flüsterte ihm zu:

„Dimitri, was machst du da?"

„Ich bete fur beide Männer, wieder normal werden, wieder gesund werden."

„Jetzt probier doch endlich mal die Pute, Mensch! Wir wollen doch wissen, was eine griechische Köchin dazu zu sagen hat."

„Griechische Köchin sieht mit Auge, ob gut ist. Diese Pute hat Trauma."

Klaus und Toni fingen laut an zu lachen, womit sie Dimitri bei seinem Gebet erschreckten.

„Ach, eure Mutter hat wirklich einen tollen Humor."

„Ja, Mama ist sehr humorvoll, das stimmt."

„Beten wir für die Pute, dass sie gute Moment vor de Tot hatte. Dass die letzte Erinnerung eine gute war."

Dimitri nickte gefasst: „Amin."

„Erika, gibst du Pralinen."

„Ach ja, genau! Dimitri, du darfst zuerst probieren, weil du von der Pute nichts hattest."

Der Hund schnüffelte vom Tellerrand.

„Hmm…, schmecken gut."

23:00 Uhr. Es klingelte an der Tür. Ein Freund meines Bruders kam spontan vorbei.

„Moin, frohe Weihnachten, ich dachte, ich klopf mal, ich bin Fabian."

„Kommen, setzen, Pute essen. Noch viel da für dich."

Dimitri bot ihm direkt einen Stuhl an, und meine Mutter machte ihm schon den Teller voll mit Pute. Dimitri schaute Fabian skeptisch an:

„Woher kommen?"

„Hier aus Bremen Walle, ein paar Häuser weiter in der Vegesacker Straße."

„Nein, woher kommen? Ich Bulgarien, du kommen woher?"

„Ach so, ich bin hier geboren, aber mein Papa kommt aus Togo."

„Ah! Tonga Tonga."

„Nein, Togo, in Westafrika, zwischen Ghana und Benin."

Dimitri wollte erneut einen Witz reißen:

„Ah, Tanga Tonga Tanga Tonga!"

Während Fabian und das Pärchen entsetzt schauten, lachte meine Mutter lauthals:

„Eine Pute mit Tanga! Das war gutes Ende für die Pute! Sie hatte Tanga an und dann bam, die Fullung rein!"

Dimitri und Mama lachten sich schlapp. Willi bellte, und Klaus und Toni küssten sich.

Dimitri fing zu hyperventilieren an. Mein Bruder und ich schauten uns fassungslos an.

„Ist in Pralina Nuss?"

„Dimitri, ich hab doch Walnuss gesagt!"

„Allergie! Wasser! Medizin in Tasche!"

Während Dimitri mit dem Kopf halb in der Pute lag, wühlte Toni in seiner Tasche:

„Nein, nicht du! Erika soll holen."

Mit einer Wasserdusche und seinem Asthmaspray beruhigte er sich langsam. Fabian verabschiedete sich, meine Mutter lag schlafend auf der Couch und sprach letzte Befehle aus: „Pack das Zakizi in Kuhlsrank."

Oder auch gern gesagt: „Gibst du mir meine Tasche."

Klaus und Toni waren auch müde geworden und gingen samt Willi los. Dimitri segnete das Paar noch mit einem „Kyrie Eleison, Kyrie Eleison", und winkte freundlich eine Umarmung ab. Alle gingen schlafen.

Alle Gäste waren weg. Auf der Tafel war alles abgeräumt. Gläser weg. Getränke weg. Pralinen weg. Zaziki weg. Spanakopita weg. Alle griechischen Beilagen weg. Fast alles weg. Lichter aus. Kerzenschein. Wir sehen in der Mitte des Tisches eine zerrupfte Pute. Inhaltslos. Arme Pute.

Die Todesspritze

2021. Bad Kreuznach. Mein Vater hat Blasenkrebs und wird operiert.

Der Krebs ist zwar groß und böse, aber nach seiner Entfernung braucht es weder Chemo noch Bestrahlung. Die Besuchszeit beläuft sich aufgrund der aktuellen Corona-Auflagen lediglich auf eine Stunde.

„Die haben alles entfernen können, außer einer Stelle zwischen Niere zur Blase."

Er zeigt auf die Mine seines Stiftes.

„So dünn ist dieser Kanal zur Blase. Das müssen die ganz vorsichtig machen. Das heißt, ich muss nochmal operiert werden. Aber es ist alles gut, meine Tochter. Ich will solche Sätze wie ‚Wir müssen den Krebs jetzt besiegen', nicht hören. Ich hab keine Angst vor dem Tod. Diese Angstmacherei macht uns krank."

Ich ziehe die Analogkamera meines Vaters aus der Tasche. Die hat mich schon als Neugeborenes im Krankenhaus gesehen.

„Darf ich ein Bild von dir machen, Dad?"

„Ja, klar, aber ich muss hier die Pissschläuche zudecken."

Ich stehe auf und richte die Kamera ein, schaue durch die Linse, die mich einst ansah. Ich rücke meinen Vater ins rechte Licht.

Der Zimmernachbar ruft den Nachnamen meines Vaters laut auf:

„JÄGER! Guck mal die Clowns im Fernseher!"

Das Triell findet gerade statt. Bundestagswahlen 2021. Scholz, Baerbock und Laschet.

„Recht hast du, diese Verbrecher! Die Marionetten von denen ganz oben! Das sind die Kinderschänder", bestätigt mein Vater.

Ich knipse ab. Das Bild wird wahrscheinlich düster, denke ich.

Eine kleine, korpulente Krankenschwester stürmt ins Zimmer und kommt direkt auf mich zu.

„Sie müssen die Maske bitte immer anbehalten, hier gibt es noch andere Mitpatienten!“

„Entschuldigung, Sie haben ja recht.“

Ich lege die Kamera weg und setze meine Maske wieder auf. Die Schwester düst wieder davon. Mein Vater fängt schrill an zu lachen:

„Der Kugelblitz glaubt wirklich, dass die Masken helfen!“

Sein Nachbar korrigiert:

„Der reinste Maulkorb! Zieh den Scheiß wieder runter, Mädchen!“

Ich erinnere mich an Gespräche mit meinem Vater, die unfriedlich endeten, und ich denke mir, dass ich das heute nicht will. Nicht hier, nicht unter diesen Umständen.

„Da muss ich fünfundsechzig Jahre alt werden, damit meine Tochter mich als rechts abstempelt! Diese scheiß Rechts-Links-Falle!“, hörte ich ihn eines Tages sagen, nachdem er mir klarmachen wollte, dass die Reichskriegsflagge nichts mit Nazis zu tun habe.

„Papa, du siehst ein Foto mit zehn Menschen. Fünf davon sind offensichtlich Nazis. Willst du mit diesen Menschen auf dem Bild sein? Meiner Meinung nach…“

„Meinung, sagst du? Ich habe keine Meinung, ich habe Wissen! Und das geht über Meinung! Wissen geht über Meinung!“

Jedes Mal, wenn ich mir die Quellen in der Masse von Mails anschaute, die mein Vater mir schickte, erkannte ich sofort, dass sie unmöglich seriös sein konnten. Nachdem ich ein paar Monate erfolgreich verstecken konnte, dass ich mich hatte impfen lassen, hielt ich es nicht mehr aus, auf die Frage zu lügen.

„Aber du, meine Tochter, du hast dich von den Verbrechern nicht rumkriegen lassen, dir die Todesspritze zu geben, oder? Oder?"

„Doch, Papa. Ich habe mich impfen lassen."

Mittlerweile aber hatte er seine Theorie gefunden für seine Krebsdiagnose

„Erika, weißt du, nach meiner Recherche, woher Krebs kommen und entstehen kann, habe ich eine wissenschaftliche These von Herrn Doktor Hamer gefunden, der mal als rechts denunziert wurde, was natürlich völliger Quatsch ist. Er schreibt von dem Schock und dem Trauma als Auslöser des Tumors."

Ich war bereit, meinem Vater aufmerksam zuzuhören. Vielleicht würde ich dann seine andauernde Suche nach Verschwörungen verstehen, vielleicht sogar anerkennen.

„Es war die Impfung!"

Ich sah ihn an.

„Meinst du die Impfungen, die du während deiner Kindheit bekommen hast?"

„Nein, Erika. Ich meine deine Impfung!"

Ich ertappe mich dabei, wie mein Blick durch den Raum schweift, vorbei am Gesicht von Olaf Scholz, der gerade lächelt. Ich lächele zurück und sehe wieder meinen Vater an.

„Papa, du hast im August erfahren, dass ich mich hab impfen lassen, jetzt ist es September. Meinst du, so ein Tumor kann innerhalb eines Monats wachsen?"

„Nach Doktor Hamers These schon! Sofort sogar!"

Ich schaue zurück zu Scholz. Er lächelt nicht mehr. Laschet schaut skeptisch aus dem Fernseher auf uns herab.

„Willst du mir grade sagen, dass ich schuld bin an deinem Tumor, Papa?"

„Also, wir können das Ganze ganz nüchtern betrachten und demoralisieren. Das hat nichts mit Schuld zu tun, das sind einfach wissenschaftliche Fakten."

In meinem Kopf rasen die Mails meines Vaters vorbei – die Quellen, Titel, Todesspritzen, die da oben, Genderwahn, Chemtrails, blutsaugende Illuminaten, Adrenochrom, Reichsbürger, Wutbürger, Maulkörbe, Schlafschafe (das war übrigens sein Spitzname für mich), Marionetten, Reptiloiden und zu guter Letzt: die Juden.

Mein Vater hält die Kamera und richtet sie auf mich. Er knipst ab. Dieses Bild wird verschwommen, verwackelt und überbelichtet. Im selben Moment klingelt sein Telefon.

„Ja, Herr Doktor…"

Ein paar Sekunden Stille. Der Kugelblitz rollt rein:

„Ist bei Ihnen alles okay?"

„Ja, bestens, danke", antworte ich noch fassungslos.

„Wenn was ist, rufen Sie einfach."

Ich will nicht rufen. Ich will schreien. Ich merke, wie mein Geist meinen Körper verlässt. Das Gefühl kenne ich. Dissoziation, sagte damals mein Psychiater zu mir.

„Also, Tochter, der Arzt bestätigte mir gerade, dass es ein langsam wachsender Tumor ist. Das spricht natürlich gegen die Theorie von Dr. Hamer und mir, aber ich bin mir trotzdem sicher, dass so ein Schock solch einen Vorgang beschleunigen kann."

Erneuter Auftritt Kugelblitz:

„Die Besuchszeit ist vorbei."

„Papa, hast du denn Angst, dass ich wegen der Impfung sterbe?"

Er zögert.

„Ja… und nein."

„Ich komme dich morgen wieder besuchen, Dad."

„Da freu ich mich aber auf meine Tochter."

Auf dem Weg zurück zum Hotel sehe ich ein Plakat. „AFD – Deutschland, aber normal!"

Blüten

Im Vorgarten meiner engen Freunde Wiebke und Helge sitze ich, und wir lachen zirka alle zwei Minuten über Situationskomik. Viele Situationen, viele spontane Erweiterungen einer Fantasie. Wir spielen in der ersten Liga verbales Tischtennis. Helge ist lustig. Wiebke auch. Sehr.

Es kommt ein benachbarter Künstler auf uns zu und wir kommen ins Quatschen. Wir nennen ihn intern Bob Dylan, weil er regelmäßig seine Gitarre rausholt und Dylan-Songs spielt. Er ist irgendwie traurig und lustig anzuschauen. Ihn irgendwo dazwischen zu sehen, fällt mir schwer. Er ist oft betrunken und redet wirres Zeug. Erinnert mich immer etwas an meinen früheren Papa, und deshalb entscheide ich mich lieber, über ihn zu lachen als traurig zu werden. Während Bob Dylan mit Helge spricht und ich danebensitze, schaut er mich etwas länger an. Er hat mich nun entdeckt. Er schaut zu Helge und sagt:

„Die Mieze hier sieht gut aus."

Um nicht zu schreien lache ich.

„Das war wahrscheinlich etwas chauvinistisch von mir, Verzeihung", fügt er zart hinzu.

„Ja, sehr. Sexistisch auch", antworte ich.

„Aber ich mag Sie trotzdem."

Er verschwindet und kommt nach fünf Minuten wieder mit seiner Gitarre. Gut, dass er seine Gitarre rausgeholt hat und nichts anderes. Wir lauschen, in die Faust lachend, zwei Bob Dylan Songs. Er verschwindet wieder und kommt mit einem kleinen Bild wieder:

„Hier, das ist für Sie, weil Sie so schön sind."

Ich schaue lächelnd auf ein Aquarell mit einem zarten Blümchen. Ich freue mich, dass er zärtlicher als sein Mieze-Spruch ist, und ich freue mich auch über das Aquarell. Ich werde es mir einrahmen und in meine Küche hängen, in der auch viele andere Traumata, Missverständnisse, Vorlieben und Vorurteile hängen. Es tut ihm sichtlich leid, dass er mich objektifiziert hat, und ich freue mich, dass ich keine Wut oder Ärger aufbringen musste, um ihm eine Lektion zu verpassen.

Die Aquarellblumen haben mit einem zarten Pinsel das Papier gestreichelt. Das genügt mir, und ich laufe mit dem Bild nach Hause. Ich öffne meinen Rechner, weiß, dass ich heute frei hab. Mein Kind ist mit seinem Papa am Weserstrand, und ich nutze die Zeit, um mein Manuskript an weitere Verlage zu senden. Seit nun über einem Jahr bin ich dabei, einen Verlag oder eine Agentur zu finden. Fast hätte es bei einer Agentur geklappt, aber aufgrund eines Personalwechsels wurden alle Skripte neu geprüft, und plötzlich wurde meine Stimme am Telefon nicht mehr erkannt.

„Liebe XXX, leider haben wir uns gegen Ihr Skript entschieden, da es uns nicht überzeugen konnte."

Ich rufe an, um zu erfahren, wer XXX ist. Mein Projekt wird abgelehnt. Zirka 30 Absagen erreichen mich im letzten Jahr, meistens ohne Begründung. Ein Mann aus einer Agentur versichert mir, dass mein Buch in der gesamten deutschen Verlagswelt keinen interessieren wird. Ich solle es sein lassen mit dem Schreiben. Ich sei nicht dafür gemacht. Eine andere Verlagsfrau wiederum schickt mir eine Art schriftliches Attest, wieso ich nicht in die Literaturwelt gehöre. Diese Frau hat sich wirklich die Zeit genommen, mir ihre negative Kritik ausdrücklich und analytisch darzubieten. Viel zu viel sei das alles, was ich hier schreibe. Sie klingt unwohlwollend und persönlich gekränkt von meinem Skript.

Ich bin verunsichert, da Deutsch nicht meine Muttersprache ist.

Ich bin bereit, zu warten, bis jemand meine Sprache versteht.

Ich habe leichte Kopfschmerzen vom Lachen mit Wiebke und Helge. Tippe weiterhin nach Agenturen in Deutschland.

„Mit Freude sende ich Ihnen meine Leseprobe zu meinem Buch: Ganz normale Tage…"

Ich hänge mein Exposé und eine Leseprobe als PDF an. Ich suche nach meinem Lebenslauf auf dem Rechner, als mein Telefon klingelt. Es ist der Papa von meinem Wüstenfuchs.

„Hallo?"

„Erika, du musst dich jetzt hinsetzen. Unser Wüstenfuchs ist seit 1,5 Stunden verschwunden. Wir sind am Weserstand."

„Ist er ins Wasser gegangen?"

„Nein, wir glauben nicht. Wir sind hier alle auf der Suche. Alle, die hier sind, suchen ihn gerade. Mit dem Fahrrad, mit dem Auto. Ich rufe jetzt die Polizei."

Ich renne zu meinem Freund namens Lodikan in die oberste Etage. Ich wohne unten, der Papa vom Wüstenfuchs im zweiten Stock und mein Freund im dritten. Wir teilten uns mit dem Papa das Sorgerecht und hatten einen Woche-für-Woche-Rhythmus. Der Papa und ich waren seit knapp sieben Jahren getrennt, entschieden uns aber, in einem Haus wohnen zu bleiben, weil wir es für Wüsti so einfach wie möglich machen wollten. Ein Wüsti mit frühkindlichem Autismus braucht ein starkes Umfeld, das zusammenhält, dachten wir uns damals. Als ich mich dann neu verliebte, zog mein neuer Freund über meinen Exmann.

„Ihr verrückten Künstler!", hörte ich meinen Papa sagen.

„Patchwork Matchwork."

In meinem Körper verbreitet sich Panik. Ich gehe aus meiner Wohnung und laufe irre durch die Gegend.

„Mein Kind…mein Kind…Nein, mein Kind…Wir müssen sofort dorthin fahren."

Ich hoffe einfach nur, dass er nicht im Wasser ist. Mein Nachbar Christos packt mich und Lodikan ins Auto. Wir fahren zu einem Badestrand an die Weser. Alle Gesichter, die mir ab jetzt begegnen, sind blass und fraglos. Ich fange an, den Badeort durchzurennen und den Namen meines Kindes zu schreien. Ich rufe alle möglichen Zitate aus Büchern und Filmen, die er gerne echolaliert, in der Hoffnung, dass er reagiert und zu mir kommt:

„Die Katze kratzt! Die Katze kratzt! Mama ist hier!"

Ist er ertrunken? Wurde er entführt? Hat er sich verletzt? Ich erlebe gerade einen Alptraum, meine größte Sorge wird gerade Realität. Dass mein Kind, das nicht sprechen kann, verschwindet, und niemandem um Hilfe bitten kann, nicht mal seinen Namen sagen kann…

Er trägt an der Kleidung einen Button:

„Ich bin Paul, ich habe Autismus. Weggelaufen? Telefonnummern…"

Das ist gerade meine einzige Hoffnung: dass ihn jemand findet und uns anruft. Während ich am Ufer entlanglaufe und mir vorstelle, dass Paul an der Wasseroberfläche auftaucht, höre ich einen Hubschrauber. Er fliegt tief. Er ist für Paul da. Dieser Hubschrauber fliegt gerade tief über das Wasser, um zu schauen, ob eine Kinderleiche auftaucht. Ich weiß, dass es so ist, und ich fange an zu schreien. Ich realisiere, dass am Badestrand eine Karaoke-Gruppe Lieder singt. Sie hat die Suchaktion offenbar nicht mitbekommen. Neben dem Hubschrauberlärm höre ich in den schrägsten Tönen eine weibliche Stimme „Mama" von Queen singen. In diesem Moment kratze ich mir eine Stelle am Rücken auf, um aufzuwachen von diesem Alptraum. Ich kneife so doll, dass ich Blut an meinen Fingern sehe, doch ich bin wach und das hier passiert gerade wirklich. Jede Ente auf dem Wasser ist Paul. Es kommen immer mehr Menschen, Polizei, Feuerwehr, Seenotrettung, und ich denke sogar kurz, dass das in Griechenland nicht möglich gewesen wäre, in so kurzer

Zeit so viel Hilfe zu bekommen. Als ich zwei Männer im Taucheranzug sehe, wird mir schlecht. Ich sehe meinen Nachbar Christos an:

„Ich hab kein gutes Gefühl… Ich werde Paul nie wieder sehen."

„Erika, jetzt ist jetzt, du darfst jetzt nur im Jetzt denken."

Ich gehe zum Einsatzpolizisten:

„Wie viele Kinder haben Sie schon gesucht?"

„Ganz viele", sagt er mit gelassener Stimme und einem Lächeln im Gesicht.

„Und wie viele Kinder haben Sie wiedergefunden?"

„Alle! Die haben wir alle wiedergefunden! Und Ihren finden wir auch!"

Er lächelt hoffnungsvoll und legt liebevoll seine Hand auf meine Schulter. Für ein paar Sekunden kann er mich beruhigen. 3, 2, 1.

Ich sehe eine Sanitäterin:

„Wie viele Kinder haben Sie schon gesucht?"

„Das Kind hier ist mein zweites, das wir suchen."

„Und das andere? Haben Sie es wiedergefunden?"

Sie schaut beschämt und traurig zur Seite, guckt sich um und findet sich in meinen Augen wieder:

„Ja, wir haben das Kind gefunden."

Sie lügt.

Sie lügt, aber was soll sie mir sagen in diesem Moment? Soll sie mir sagen, dass sie schon mal ein ertrunkenes Kind gesehen hat? Jetzt?

Ich höre aus der Ferne eine ältere Männerstimme:

„Och Mensch, das hier erinnert mich an den Vorfall vor zwei Jahren, wo sie das Mädchen zwei Tage gesucht haben und dann tot wiedergefunden haben."

Ich verliere die Kontrolle und schreie los:

„Schnauuuzeeee, halt die Schnauuuzeeeee! Halt die Fresse!!"

Ich werde von einer fremden Frau gehalten und beruhigt. Ich werde hingesetzt und kriege eine Decke über die Schultern. Ich weiß, dass es nichts mehr bringt, zu laufen und ihn zu suchen, denn ich habe den Kontakt zu ihm verloren. Ich schließe immer wieder die Augen und rede mit Paul:

„Paul, wo bist du, mein Engel? Gib mir ein Zeichen. Gib mir ein Zeichen! Bitte. Bitte. Bitte!“

Ich wippe vor und zurück, so wie Paul es manchmal macht. Ich spüre nichts mehr. Eine Leere, und ich weiß nicht, ob es daran liegt, dass er zu weit weg ist, oder ob er schon tot ist und ich ihn deshalb nicht spüren kann. Spürhunde sind am Platz und laufen im Quadrat, so, wie Paul es eigentlich tut. Sie riechen, das Paul vor seinem Verschwinden lange im Quadrat gelaufen ist. Das stimmt. Paul sucht sich immer kleine, sich wiederholende Wege, die er sehr lange abläuft. Immer wieder. Teilweise bis zu drei Stunden. Er kreiert seine eigene Miniaturlandkarte und läuft sie repetitiv ab.

Wiederholung gibt Sicherheit in einer Welt, in der alles in voller Lautstärke auf einen einprasselt. Eine sehr kluge, intrinsische Achtsamkeitsübung.

Es kommen Nachbarn und Freunde, die mich kurz umarmen und sagen, dass sie auch suchen. Auf Fahrrädern, zu Fuß oder mit dem Auto.

Ich realisiere, dass es anfängt dunkel zu werden. Es nieselt und wird kälter. Die Chancen, ihn zu finden, werden geringer, je mehr die Zeit vergeht.

Es sind mittlerweile vier Stunden vergangen. Es ist 20:30 Uhr, und die Luft ist kühl. Pauls Papa kommt immer wieder und weint schreiend, übergibt sich im Gebüsch und taucht farblos wieder auf. Aus den Funkgeräten kommen regelmäßig Signale. Jedes Mal, wenn es piept, folgt eine Stimme mit irgendwelchen Zahlen:

„348, wir haben was gesichtet.“

Vor meinem inneren Auge sehe ich schon, wie mein ertrunkenes Kind ans Ufer gebracht wird. Innerhalb von Sekunden erlebe ich es, wie es ist, ohne Kind zu sein. Mutter ohne Kind. Ich sehe mich, wie ich alt werde ohne Kind und die Trauer mir ins Gesicht geschrieben ist. Allerdings denke ich im gleichen Moment, dass, wenn mein Kind ertrunken ist, ich mich umbringen werde. Diesen Schmerz kann ich nicht tragen, und im Falle, dass Paul lebt, höre ich mich sagen, dass es das schlimmste Erlebnis meines Lebens war.

Zwischendurch klingelt mein Telefon:

„Geht es um Paul?“, so gehe ich ran.

Wenn Leute wissen wollen, was passiert ist, oder wissen wollen, wie es mir geht, lege ich sofort auf. Ich nehme nur Anrufe entgegen, die mir sagen, dass mein Kind nicht ertrunken ist. Zwischendurch lasse ich schmerzvolle Schreie von mir. Der liebe Polizist kommt immer wieder und streichelt mir die Schulter. Es taucht ein Mann auf mit einer Drohne. Ich schaue auf seinen Bildschirm und sehe uns von oben. Sehe die Bäume und das Wasser von oben. Es ist mir zu abstrakt, und ich überlasse diese Suche dem Drohnenmenschen.

Es wird gefühlt jede Sekunde etwas dunkler. Ich kriege von irgendwo eine Zigarette. Rauche. Mein Freund ist mit Christos auf der Suche mit dem Auto, und ich frage mich, ob ich, wenn ich die beiden wiedersehe, noch Mutter sein werde. Noch Mutter eines lebendigen oder eines toten Kindes.

Ich drücke die Zigarette auf dem Boden aus und schaue auf die stille, schweigende Menschenmasse. Nur ein Funkgerät tutet.

20:33.

Friede ruft um 20:33 an.

Friede.

Meine Nachbarin.

20.33 ruft Friede an.

Friede ruft an, und ich höre ihre helle, fröhliche Stimme:

„Paul ist da! Paul ist da! Alex und Lucy haben Paul gefunden!!"

Ich schreie dasselbe in die Menge, und wie ein gemeinsamer Körper fallen alle Schultern, und Tränen der Erleichterung und Freude fließen. Ich breche zusammen. Das ist, als hätte ich ihn ein zweites Mal geboren. Der nette Polizist kommt zu mir:

„Habe ich Ihnen doch gesagt, dass wir den wiederfinden! Sehen Sie?"

Er hat Tränen in den Augen, und ich falle ihm in die Arme. Ich habe seinen Schlagstock im Gesicht, den er in seine Brust geklemmt hat. Kuschelnd mit dem Schlagstock weine ich schluchzend aus Liebe Arm in Arm mit dem Polizisten. Hätte ich nie gedacht.

Ich drehe mich um und sehe, wie Alex um die Ecke gefahren kommt mit Lucy und Paul im Rücksitz. Paul schaut ganz erstaunt die besorgte Menschenmenge an. Ich öffne die Hintertür, während das Auto noch anfährt und nehme Paul in meine Arme. Ich spüre seine Haut und bin dankbar um jede Berührung, und mit jedem Blick streichle ich mein lebendiges Kind. Mein Kind lebt. Paul lebt. Der Alptraum ist vorbei. Einatmen und aufhören zu hyperventilieren.

Träume ich vielleicht, dass er am Leben ist, und wache gleich auf und halte mein ertrunkenes Kind in den Armen? Ich schiebe diesen Gedanken gewaltvoll von mir und weiß jetzt schon, dass ich meine zwei Psychopharmaka höher dosieren und unbedingt meine Therapeutin anrufen muss. Ich weiß auch, dass ich heute ein Benzo zu mir nehmen werde, das längst abgelaufen ist und tief in meiner Schublade liegt. Das Teufelszeug läuft nie ab.

Lucy fängt an zu erzählen, dass sie von zu Hause losfuhren und wie einem roten Faden folgten, als hätten sie einen Paul-Magneten an sich. Sie fuhren 15 Minuten und, angekommen in einer Sackgasse entlang der Bahngleise, stand Paul einfach da.

„Er hat Blumen gepflückt. Er stand einfach da und hat Blumen gepflückt."

Mich beruhigte also Christos.

Friede rief an, und Paul pflückte Blumen.

Paul war einfach Blumen pflücken.

Mein Kind war einfach Blumen pflücken.

Zu Hause angekommen, werden wir empfangen wie damals nach Pauls Geburt.

Dankbarkeit und Schock.

Wir essen.

Paul übergibt sich.

Wir gehen ins Bett.

Paul schläft in meinen Armen ein. Erschöpft gehe ich in die Küche. Eine will ich noch rauchen.

Auf dem Tisch liegt Bob Dylans Blumenbild. Ich rauche. Ich bin Mama.

Ich bin Mama eines lebendigen Kindes.

Mein Herzberg

Nach einem Konzert von meinem Freund Lodikan in der Stadt Nordhausen in Thüringen fahren wir zurück nach Bremen.

Regionalbahn und ICE.

Neun Euro Ticket und Bahncard 50.

Ich begleite Lodikan gerne zu seinen Konzerten, auch wenn ich so mit ihm verbunden bin, dass ich so doll Lampenfieber bekomme, dass es durch meinen Körper rast, als würde ich selbst auf der Bühne stehen. Wenn ich Lodikan sage, dass ich ihn liebe, füge ich meistens noch: „Ich mag dich so gerne“, hinzu.

Ich sehe ihn wirklich gerne an. Außer, wenn wir uns streiten, dann zieht er seine Augenbrauen immer so eng zusammen, dass er komisch aussieht.

Ich liebe Lodikans Ticks. Er hat stark ADHS.

Er zwinkert manchmal unkontrolliert mit seinem rechten Auge, als hätte er was im Auge oder so. Er macht zwischendurch zwei Schluckgeräusche oder ein seltsames Geräusch, als würde er lachen, aber es ist halt ein Tick. Ich freue mich immer, wenn er das macht, denn es ist so, als würde ihn sein inneres Kind kitzeln, um ihn aufzumuntern.

Die Schluckgeräusche sind wahrscheinlich da, damit er seine Eindrücke besser verdaut.

Das Zwinkern macht wahrscheinlich wieder das innere Kind, das der Welt einen Funken schenkt oder eben: Augen zu und durch.

Er hat oft Schmerzen und erinnert mich manchmal an meinen hypochondrischen Opa. Gott habe ihn selig. Lodikan soll auch selig sein.

„Was ist denn los?“ frage ich oft besorgt.

„Was hast du denn genau? Wo hast du denn Schmerzen?“

Auf diese Fragen gibt es meistens eine einzige Antwort von Lodikan:

„Ich weiß nicht, was mir los ist."

„Was würde dir denn helfen?"

„Ich fahre einmal um die Weser mit dem Rad."

„Aber es regnet gerade, mein Lodikan."

„Das find ich gut. Ich will mich spüren. Ich will die Natur auf meiner Haut spüren."

Innerlich freue ich mich, da ich weiß, dass, wenn ich ihn später imitieren werde, er sehr lachen wird über sein wehleidiges Pathos.

Als wir auf den Zug nach Bremen warten, sehen wir eine blonde deutsche Familie am Gleis.

Die Männer dazu halten eine Dose Bier, die Frau eine Bild-Zeitung, und der kleine Junge schaut auf ein Handy, umzingelt von Plastiktüten. Obwohl sie jetzt rauchen, riecht es nach kaltem, abgestandenem Rauch. Aus jeder Pore.

Der Zug kommt an.

Wir steigen ein, und ich entferne mich bewusst mit Lodikan von der Familie. Zu sehr erinnert mich diese Situation an meine Kindheit und meine besoffenen Eltern und die ewigen Zugfahrten in die Pfalz zu meiner Oma damals.

Im Déjà-vu riecht es wieder nach Frikadelle und Zaziki aus der Tupperdose, Alkohol und Alkoholfahnen.

Wir setzen uns ganz nach hinten. Aber unser Hinten ist das Vorne für den kleinen Jungen, und er ruft seine Familie:

„Mama, Papa, ich will ganz vorne sitzen, in der Nähe vom Lokführer!"

Die Familie kommt in unsere Richtung, und sie setzen sich auf den benachbarten Vierersitzplatz.

So, Erika, ganz ruhig jetzt. Das hat nichts mit dir zu tun. Das ist eine andere Familie, und du musst den kleinen

Jungen auch nicht retten. Vielleicht geht es ihm viel besser, als du denkst.

Mit Sicherheit.

Bitte.

Hoffentlich geht es diesem kleinen Jungen gut.

Hoffentlich wird er von seinen besoffenen Eltern nicht geschlagen, und hoffentlich wird er genug geliebt.

Eine Zugschaffnerin erinnert die Familie daran, dass im Zug Maskenpflicht ist.

„Guck mal, Leon, was die Mama hier für dich hat. Ein Lego-Heft."

„Mami, zeig mal!"

Die Mami macht das Heft auf und holt eine Überraschungstüte raus.

„Schau mal Leon, mein Mäuschen, da ist eine kleine Tüte drin, mach die mal auf."

Leon öffnet die Tüte und zu sehen ist ein kleines Legomännchen als Feuerwehrmann.

Die Mama wird plötzlich sehr niedlich und freut sich sehr:

„Oh Leon, mein Schatz, guck mal, wie niedlich der ist! Da bin ich jetzt wirklich mal überrascht. Also, das hätte ich nicht gedacht, dass da ein kleines Legomännchen drin ist. Das ist ja herzerwärmend."

Die Mama hat mich mit ihrer Freude angesteckt, und ich bin überrascht, wie schnell mir dieses Ereignis ein Lachen unter meine Maske zaubert.

„Mami, danke! Das ist so toll, und das Heft ist so cool! Danke Mami, danke!"

„Finde ich fast noch besser als Playmobil, muss ich jetzt mal ganz ehrlich sagen, also die Legos haben mich jetzt echt überrascht und das auch noch zu dem Preis. Irre. Für den Preis zwei Hefte und eine Legofigur. Das ist der Hammer."

„Nein, Mama, Playmobil ist auch gut."

Die Mami bemerkt meine lachenden Augen:

„Ist doch super, oder? Was meinen Sie?"

Ich nicke sofort. „Ja, total süß!"

„Was die sich für Mühe gegeben haben, dass in dem Heftchen noch so ein kleines, süßes Figürchen drin ist, also damit hab ich jetzt echt nicht gerechnet."

Ich finde die Mama jetzt wirklich sehr süß. Sie ist lieb zu ihrem Sohn, und der Papa freut sich auch. Ich bemerke, dass nur der Papa leicht einen sitzen hat, während die Mama bei genauem Hinsehen offensichtlich keine Trinkerin ist.

Leon fällt ihr um den Hals. „Danke Mami, danke!"

Ich schaue zu Lodikan rüber, der sich ebenfalls über das Ereignis freut. Wir schauen uns an und lesen uns. Wir waren voreingenommen. Das sind keine Assis. Das sind einfach Menschen, die vielleicht keine Chance im Leben hatten. Sie sind einfach, aber sie sind einfach liebevoll. Sind herzlich zu einander. Sie erzählen, dass sie mit dem Neun-Euro-Ticket jetzt endlich mal Ausflüge mit dem Kleinen machen können. Der Kleine sei wohl nie aus seinem Thüringer Dorf rausgekommen.

„Wie schön, dass es jetzt das Neun-Euro-Ticket gibt", sagt die Mama, während sie zärtlich mit der kleinen Feuerwehrmannfigur spielt.

Ich realisiere, dass die Familie sehr lieb zu dem kleinen Leon ist.

Sie passen auf ihn auf.

Sie haben ihn lieb.

Ja, der Papa ist etwas betrunken.

Das ist so. Ja, das ist so.

Sie lieben ihr Kind, und sie sagen es dem Kind, und das Kind fühlt es.

Leon fühlt es.

Leon fühlt sich geliebt.

Leon, der kleine Löwe mit seinem Lego-Feuerwehrmännchen.

Zwischenhalt in Herzberg.

Der Kleine ruft:

„Schau mal, Mami, da ist ein Besoffener auf dem Gleis!"

Wir beobachten einen Betrunkenen, der versucht, auf sein Fahrrad zu steigen. Es gelingt ihm nur bedingt.

Er hält das Fahrrad fest.

Nein, das Fahrrad hält ihn fest.

Er versucht es erneut. Dabei stolpert er über das Fahrrad und liegt nun auf dem Boden.

Auf dem Rücken.

Wie eine Kakerlake.

„Der ist ja rattenvoll bis an die Kante, und das am helllichten Tage."

Die Familie lacht über das Spektakel.

Der Zug fährt los, und der Junge imitiert den Besoffenen.

„Guck mal Mama, wer bin ich?"

Er imitiert das Ereignis mit dem Fahrrad haargenau.

Wir lachen.

Leon macht das wirklich richtig gut.

Leon spielt.

Leon spielt, um zu verdauen.

Das Feuerwehrmännchen wird jetzt auch zum Besoffenen.

Leon spielt mit einem besoffenen Feuerwehrmännchen von Lego.

Spielen macht Spaß. Und Leon spielt richtig gut. Leon kann stolz auf sich sein.

Mir laufen die Tränen, weil Leon zum Liebhaben ist, genau wie seine Mama.

Ich schaue rüber zu Lodikan, der mittlerweile mit offenem Mund schläft.

„Geht es dir gut?", frage ich.

„Ich weiß nicht, was mit mir los ist."

„Macht nichts, Baby. Es ist okay, nicht zu wissen, was mit einem los ist. So ist halt das Los."

Leon steigt mit seinen Eltern jetzt aus und lächelt mich an:

„Tschüss, Frau mit den roten Haaren!"

„Tschüss Leon, hab viel Spaß bei deinem Ausflug und pass auf dein Lego-Männchen auf."

„Mach ich. Weißt du was? Du siehst aus wie eine Hexe", fügt er hinzu.

„Ich weiß, Leon. Das sagen mir viele Kinder."

„Ja, aber wie eine gute Hexe."

„Danke, das ist sehr lieb. Ich bin auch eine Feuerwehrfrau, weißt du?"

„Bist du auch besoffen?"

„Nein Leon, ich trinke nicht. Nur Wasser und Limo."

„Wieso nicht?"

„Weil ich lieber spiele als falle."

Das Zuhause fährt Zug

Es ist sicher für einige sehr klar, was es bedeutet, zu Hause zu sein.

Es ist sehr klar, wo die Heimat ist, wo der Ort ist, wo das Herz leiser pocht und die Erinnerung pausiert, weil sie gerade kreiert wird.

Einige sagen: „Fühl dich wie zu Hause!"

Und was ist, wenn da kein Zuhause ist? Oder wenn das Zuhause, das einst als Gerüst dienen sollte, nicht in Gedanken existieren will? Wenn das Zuhause eine Wunde ist, die immer noch blutet und eitert, wenn sie in Gedanken erscheint?

Gedankenstopp.

Wenn da nie ein Zuhause war, bis es entstand?

Einige sagen, dass das Zuhause in dir drin ist… Lange war hier eine Lücke.

Stattdessen andere Mietnomaden.

Doch eines Tages kam es anders, und die große Erika, die jetzt im Zug sitzt, diese Frau trägt gerade zum ersten Mal ihr Zuhause in sich, mit sich. Sie weint fürchterlich und schämt sich nicht mal dafür. Die Leute schauen, und der einzige Grund, warum sie sich ihre Tränen wegwischt, ist, dass sie Platz für nächste Tränen schafft. Sie weint, weil sie weiß, dass sich diese Lücke wahrscheinlich langsam füllt. Mit Wüstenfüchsen, Tieren und Koalas, Drachen und Mamas und Papas. Plötzlich hat sie ganz viele Mamas und ganz viele Papas.

Ich bin jetzt meine eigene Mama und mein eigener Papa.

Ich bin jetzt meine eigenen Eltern.

Da, wo einst nichts war, fängt das Graben an, um das Gold zu sehen.

Ist es nicht lustig, dass Jahrzehnte lang ein Haus auf Grund und Boden sich schämte, und es aber jetzt zum ersten Mal im rasenden Zug was vom Zuhause spürt? Das Zuhause fährt Zug. Das ist sehr lustig.

Ende Koala

Wir sind unfrei, und wir sind frei. Wir sind eine Idee, und wir sind Verwirklichung. Wir können kauen und verdauen. Wir sind unsere Vorfahren und unsere Nachfahren. Wir können ahnen und brechen Bahnen. Wir sind das, worüber wir lachen und weinen. Wir sind das, wofür wir uns halten, Hauptsache, wir halten nicht zu doll fest. Wir sind unsere Wunden, und wir sind unsere Narben, die geschnitzten Figuren von stumpfen oder geschärften Messern. Manche sind Brocken. Wir sind Befehle, aber immerhin sind wir. Wir sind das, wofür wir uns entscheiden. Wir sind so viel. Wir sind unsere Gene und die Kreation neuer Gene. Wir sind, wenn es sein muss, Koalabären. Wir sind das, was wir uns vorstellen, und das, was wir hinterlassen. Wir sind unsere Spuren. Wir sind unsere Vergangenheit, und wir sind unsere Zukunft. Wir sind jetzt.

Es applaudieren uns die Blätter, weil Regen auf Blättern der älteste Applaus der Welt ist.

Wisst Ihr eigentlich noch, wer Herr Charmanti ist?

Richtet ihm bitte aus, dass ich einen anderen Weg gegangen bin.

Danke.

Eure Erika.

„Frau Erika?"

„Herr Charmanti?"

„Ja?"

„Herr Charmanti! Sie sind es wirklich!"

„Ja, ich bin es wirklich, Herr Charmanti aus Ihrem ersten Kapitel."

„Mit Ihnen hätte ich gar nicht mehr gerechnet!“

„Frau Erika, ich wollte Sie fragen, was aus mir wird, jetzt, wo Sie das Buch fertig haben? Ist es überhaupt fertig? Ist das dann nicht ein wenig kurz für ein Buch? Interviewe ich Sie nochmal zum Abschluss?“

„Herr Chamanti, um ehrlich zu sein, weiß ich das gerade selber nicht... Ich weiß nicht, ob ich fertig bin, aber irgendwo muss ich ein Ende setzen. Ich ... ich muss Ihnen auch was sagen…“

„Was denn?“

„Es gibt Sie eigentlich gar nicht.“

„Was meinen Sie damit?“

„Ich meine damit, dass ich Sie erfunden habe, um eine Struktur in diesem Buch zu haben; jemanden, der mich an die Hand nimmt und mich immer wieder daran erinnert, wohin die Richtung geht. Dass ich mich halt nicht verzettel und alles durcheinander schreibe und die Leserinnen und Leser gar nicht mitkommen und gar nicht so richtig verstehen, was das Ganze hier soll und was ich mit diesem Buch überhaupt aussagen will. Und ob das nun ein Roman ist oder Kurzgeschichten, ob es autobiografisch ist, ob es erfunden ist, oder ist das Kunst, oder was soll das überhaupt?“

„Mich gibt es nicht? Sie haben mich erfunden, um diesem Buch hier Struktur zu geben? Also bin ich auch nicht charmant, wie mein Name es sagt?"

„Ja, doch, Sie sind sehr charmant, aber ich dachte, ich brauche das, und ich brauche das ja eigentlich auch, aber dann habe ich gemerkt, dass manche Dinge halt auch ohne Struktur sein können, weil sie einfach das sind, was sie sind. Einfach so sind, wie sie sind. Und das nicht unbedingt immer was Besonderes sein muss oder gleich benannt werden muss oder in ein Schema passen muss, um es ein Buch zu nennen.

Wissen Sie, Herr Charmanti, ich habe mir am Anfang ausgedacht, dass ich in einem Fernsehstudio sitze und

Ihnen mein Buch vorstelle, obwohl es zu diesem Zeitpunkt noch gar nicht fertig war. Ich sah mich schon im Fernsehen über mein Buch reden, obwohl ich noch gar nichts geschrieben hatte. Mir gefiel einfach die Vorstellung, in einer Talkshow zu sitzen und mein Buch vorzustellen. Über psychische Abgründe zu sprechen und Menschen Mut zu machen, dass es wieder bergauf gehen kann."

„Ich habe eine Frage bei all dieser Verwirrung. Seit unserem letzten Interview ist ja nun einige Zeit vergangen. Wie geht es Ihnen heute?"

„Mir geht es gut. Danke."

„Frau Erika, geht es Ihnen wirklich gut?"

„Wissen Sie, ich habe mich damit angefreundet, dass Licht auch Schatten beinhaltet. Selbst die Sonne hat einen Schatten. Warum dann nicht auch wir Menschen? Ich habe viele kleine Sonnen mit vielen kleinen Schatten. Ich bin doch keine Sonne, wenn ich keinen Schatten habe. Dann bin ich keine Sonne. Dann bin ich einfach ein nicht kongruentes ausgesprochenes Wort. Ausgesprochen mit einem illusionären Wunschgedanken. Wir sind mehr als unser Schweigen und mehr als unser Sprechen."

„Warten Sie... Ich verstehe gar nichts mehr. Ist das jetzt eine Autobiografie oder nicht?"

„Naja, hören Sie... Ich werde ganz offen mit Ihnen sprechen. Ich habe Angst. Ich habe Angst, mich zu entscheiden und zu sagen, ob es autobiografisch ist oder nicht..."'

„Aber warum denn?"

„Ich habe Angst, Menschen zu verletzen. Ich habe Angst, meine Familie zu verletzen. Ich will am liebsten gar nicht, dass sie dieses Buch lesen. Wenn mir jemand garantieren könnte, dass meine Familie dieses Buch hier nicht liest, dann darf es Autobiografie heißen. Aber dadurch, dass ich weiß, dass das hier alle lesen können, habe ich Angst davor, es Autobiografie zu nennen. Aber ein

Roman ist es halt auch nicht. Ich weiß es nicht. Bitte helfen Sie mir…“

„Naja... Ich würde einfach sagen, dass Sie Ihren Erinnerungen mal Platz gelassen haben in Form von Kurzgeschichten und hier und da etwas Sößchen dazu gekippt haben.“

„Sößchen?“

„Ja, dass Sie etwas Pfeffer untergemischt haben, hier und da.“

„Aber ich lüge nicht in meinen Geschichten! Das ist ja mein Problem! Ich erzähle einfach alles, wie es war!“

„Ja, aber das müssen Sie ja den Menschen nicht sagen. Sie können einfach sagen, dass Sie manche Dinge dazugedichtet haben, einfach so!“

„Einfach so die Leute anlügen?“

„Mein Gott, das tut doch niemandem weh, und außerdem beschützen Sie Ihre Familie damit! Genau das wollten Sie doch! Das könnte doch eine Lösung sein.“

„Ja, das klingt nach einer möglichen Idee. Und die Namen lasse ich dann auch sicherheitshalber als Pseudonyme. Pseudonym. Auch ein griechisches Wort. „Pseudo“ für „Lüge“ oder „falsch“ und „nym“ von „onoma“, der Name. Also falscher Name.“

„Pseudonym? Das heißt..., das heißt, Sie sind gar nicht Frau Erika? Erika ist gar nicht Ihr richtiger Name?“

„Das bleibt dann wohl mein Geheimnis, mein süßer Herr Charmanti.“

Ende (erstmal).

Μαμάκα μου,
Μπαμπά μου,
ότι και να γίνει.
Σας αγαπώ για πάντα

Über die Autorin

© Ubeyde Cimen

Anna Irmgard Jäger kam 1987 in Bremen auf die Welt. Mutter Griechin, Papa Deutscher. Ihre erste Ausbildung erlangte sie als Physiotherapeutin und Chiropraktikerin in Athen. Nachts tanzte sie in den Bars und Clubs von Athen und tags arbeitete sie als Deutschlehrerin für Kinder. Mit 22 Jahren zog sie nach Bremen. Dort studierte sie Tanz und Theaterpädagogik und erhielt das Deutschlandstipendium für begabte und leistungsstarke Studierende. Die Stadt Bremen verlieh ihr zwei weitere Stipendien für ihre ausdrucksstarken, künstlerischen Auseinandersetzungen. Inzwischen arbeitet sie auf und hinter der Bühne. Filmisch war sie zuletzt in Björn Betons (Fettes Brot) Film Noir Kurzfilm zu sehen. Sie gibt regelmäßig künstlerische Workshops für Kinder und Jugendliche. Mit dem kreativen Schreiben begann sie als Grundschulkind. Der Roman „Ganz normale Tage“ ist ihr Debut.

Danksagung

Senator für Kultur, Bremen.

Paul mein Licht und dem besten Papa Jonny.
Florian Bosum: du bist seit Tag eins dabei. Danke für dein Empowerment. Du hast mich immer wieder gepusht.
Monty Navabi, Wiebe Bökemeier und Elissavet Patrikiou: Durch Euch habe ich den endgültigen Entschluss gefasst, dieses Buch fertig zu bringen.
Meral Al-Mer: Du hast an mein Buch geglaubt und mich supported, wie du nur konntest.

Meiner Familie in Griechenland und Deutschland.

Familie Bosum, Wiebke, Helge, Nadi & family, Lauri, Clara & Christos, Monika, meine Hoffamilie, Lena Schulze Frenking, Simon Bethge, Gerasimos Bekas, Nussin Armbrunst, Jens Laloire, Komi Togbonu, Ulrike Hidding & Family, Dr. K., Frau C., Sönke Busch, Björn Warns, Iris Soltau, Ela Göbel, Ela Fischer, Susanna, Osman Engin, Helge Halling, Rebel One, Megumi, Marina, Khaddidja, Delon, Ataxy, Immo, Axel Zielke, Josephine Vilsmeyer, Ainars, Ubeyde & Veronika, meine Ottersberg Crew, Ree und Peer de Smit, Hermann Stutzmann, Frank Grabsky, Martin Brinkmann, Juno Editions, Krachkultur, meine pourpour Gang, Claudi & Mike, Nessa & Sina, Nely & Danny, Melane, Manu, Christine, Pia, Eike, Lulu, The Ruffcats, Sonja Schenkel, Juli Rytz, Abir, Vivienne Altenau, Eliza, Samantha & Ariana, Julia & Jannik, Hannah Markutzig, Tino, Ulrike Knospe, Valentina, Claudia & Joa, Maridi, Voulitsa, Fatima Remli, Özden, Buchhandlung Albatros, Bremen Fedelhören.

Literaturkontor Bremen, Buchhandlung Sattler, Friedenskirche Bremen.

Meinen Kuscheltieren, besonders Koali, Dragan-Amin & Flat Eric.
Meinen Antidepressiva, Pitt Therapie, Nina Beste (MyDitation App), Tove Detlevsen, Sibylle Berg, bell hooks, Butoh.

Zu Musik geschrieben von:
Charles Mingus, Herbie Hancock, Eleni Vitali, Petros Loukas Chalkias, SiR, Patrice Rushen, Bootsy Collins, Ahmad Jamal Trio, Curtis Mayfield, Flo Mega, Golow, Khruangbin, Anthony Hamilton, Snoh Alegra, PixLax, Nate Dogg, Sade, Janet Kay, Anita Baker, Duke Ellington, John Coltrane, Joep Beving, Raphael Schneider, Erykah Badu.

R.I.P.: Jiajiaka, Erwin Noack, Francesca de Martin, Noni. Ihr seid immer da. Ich spüre Euch.

Ulrike Gramann

Die Sportlerin

Die Geschichte der feministischen Kickboxerin Claudia Fingerhuth

Aufgewachsen im West-Berlin der 1960er Jahre, erlebt Claudia Fingerhuth die politischen Auseinandersetzungen der 1980er in Berlin-Kreuzberg, Proteste, Umbrüche, Aufbrüche. Die Frau mit dem Körper einer Leistungssportlerin begegnet Kickboxen, feministischer Selbstverteidigung und Wendo und verschreibt sich konsequent dem Breitensport. Unsere Kraft erkennen und freisetzen, gemeinsam in Bewegung sein, unabhängig davon, welche körperlichen Voraussetzungen wir mitbringen, unabhängig davon, welche Verletzungen aus der Vergangenheit uns begleiten, das ist Claudia Fingerhuths Konzept. Denn: „Du musst keine geborene Kämpferin sein, um mit uns zu trainieren!"

ISBN: 978-3-944442-18-1 | 320 Seiten | 22,00 € (D)

Ulrike Gramann

Die Sumpfschwimmerin

Inge Stein, Glückssucherin im Ostberlin der 1980er Jahre, schlägt sich durch. Ob sie Frauen liebt oder Männer, mit solchen Fragen hält sie sich nicht lange auf. Inge tut was: „Wir machen die lesbische Politik einfach zuerst." Aber den Staat mit politischen Aktionen nur zu reizen, reicht ihr nicht aus. Sex, sogar Liebe reichen ihr nicht aus. Sie begegnet Frauen aus Westberlin: „Dass sie die Straße besetzen konnten, die wir nie besetzt oder besessen hatten, war unwiderstehlich." Sie begegnet Iris, und ihre Geschichten prallen aufeinander. Nähe, Genossinnenschaft, Freundschaft, die eine Grenze unterläuft: Das ist viel. Reicht es aus? Denn Inge kann sich was Besseres vorstellen, als ein Zwerg im sozialistischen Vorgarten von Westberlin zu sein.

ISBN: 978-3-944442-65-5 | 308 Seiten | 18,00 € (D)

Juliane Beer

Doch auserwählt

Hitler ist erledigt, der Krieg ist vorbei. Meint Susanna. Sie ist mit ihrem Mann und Sohn von Bolivien nach Deutschland zurückgekehrt und muss bald an allen Fronten kämpfen, denn ihr Sohn heiratet eine nichtjüdische Frau. Diese hat sich den Zorn ihrer Familie über Beschuldigung und Vernachlässigung in Form einer Depression angeeignet. Das normale Leben hat für alle scheinbar wieder begonnen, aber der Alltag wie auch Feste verkommen zu automatisierten Zeremonien Untoter. Bis zu diesem Anruf...

ISBN: 978-3-968370-01-9 | 236 Seiten | 16,00 € (D)

Lilly Habelsberger

Der Rock meiner Mutter

„Die ganze Welt ist meine Mutter! Wenn sie stirbt, dann sterbe ich auch!" So dachte ich immer als Kind. Diese Welt meiner Mutter bestand aus den traumatischen Erlebnissen in verschiedenen Konzentrationslagern und der archaischen Welt der Sinti, in die sie hineingeboren wurde. In diesem Rahmen war ein gesundes Hineinwachsen in eine eigene Individualität nicht erlaubt. Die Sitten und Gebräuche dieser Volksgruppe ließen dies nicht zu. Das war auch ein Trauma. Ein „Entwicklungstrauma". Daher musste ich mich als Kind meiner Phantasie bedienen, um diesen Wahnsinn zu überleben. Ich klammerte mich an den „Rock" meiner Mutter und ließ ihn lange nicht los. Dieser „Rock" war mein Sternenzelt, mein vertrauter Ort, meine Rettung! Meine Geschichte bringe ich nun in einem Gedicht an meine Mutter zum Ausdruck.

ISBN: 978-3-968370-07-1 | Hardcover 132 Seiten | 22,00 € (D)

Gabriele Lübke

Ich bin ohne Sinnen gestorben

Leben und Leid der Rosa Schillings

Im Nationalsozialismus töteten die Nazis und ihre Anhänger*innen zwischen 1939 und 1945 rund 300.000 Menschen, die psychisch erkrankt oder behindert waren, davon etwa 15.000 in Hadamar. Allein in den ersten acht Monaten des Jahres 1941 wurden 10.122 Menschen in der Gaskammer von Hadamar ermordet. Eine von ihnen war Rosa Schillings, geboren 1899, deren Lebensweg in diesem Buch geschildert wird. Durch den tragischen und schnell aufeinander folgenden Verlust sowohl ihres Ehemannes als auch ihrer kleinen Tochter bekam Rosa in ihrer Trauer um die Verstorbenen Depressionen. Sie wollte genesen und sich professionelle Hilfe holen und so gelangte sie in die Maschinerie der nationalsozialistischen Psychiatrie. Die dortigen Schikanen konnten Rosa nicht beugen und so wurde sie am 02. Mai 1941 im Alter von 42 Jahren durch Gas ermordet.

ISBN: 978-3-944442-96-9 | 224 Seiten | 24,00 € (D)

Johanna Glaser

Federn haben eine starke Mitte

Aus dem Leben eines Ersatzkindes

Die Autorin Johanna Glaser ist 1964 geboren, drei Jahre, nachdem ihr fünfjähriger Bruder Johann tödlich verunglückt war. Zitat ihrer Mutter: „Ich hatte vier Kinder und ich wollte auch wieder vier." Johanna wurde so zu einem „Ersatzkind". Ersatzkinder sind Kinder, die (bewusst oder unbewusst) gezeugt oder adoptiert werden, um verstorbene Geschwisterkinder zu ersetzen und somit eine Lücke in der Familie zu füllen. Dass dies mitunter zu einem belastenden Erbe führt, oft noch ein blinder Fleck in Therapien ist und wie ihr eigener innerer Heilungsweg aussah, zeigt Johanna Glaser in diesem autobiografischen Buch auf. Viele ebenfalls Betroffene dieser Thematik werden sich in Johanna Glasers Empfindungen und Erkenntnissen wiederfinden.

ISBN: 978-3-968370-15-6 | 72 Seiten | 12,00 € (D)

Gabriele Treige

Die Übermacht des Üblichen

Es war etwas geschehen. Nichts, das sich anderen mitteilen ließe, und wenn sie es dennoch täte, von ihnen nicht als das, was es für sie bedeutete, verstanden würde. Sie war wieder einmal gescheitert und, so wusste sie, dies würde der letzte Versuch gewesen und durch keinen weiteren aufzuheben sein.
Es war ihr immer ums Gesehenwerden gegangen, darum, sich so zeigen zu können, wie sie war, und ums Überwinden der Fremdheit, mit der sie der Welt gegenüberstand. Dass es nur eines einzigen Menschen bedurfte, hatte sie immer geglaubt, der, wenn es ihr gelänge, sich ihm zu offenbaren, fähig wäre, eine Brücke zur Welt zu bauen.
Was blieb, war nur noch, das Gewesene aufzuschreiben, als letzte Möglichkeit des Sich-zur-Sprache-Bringens, des Ankämpfens gegen die Übermacht des Üblichen, die sie zu ersticken drohte. Dieses Aufschreiben, so wusste sie, würde kein stringentes Nacherzählen des Gewesenen sein, sondern eine reflexive, assoziative, alle Sinne einbeziehende Auseinandersetzung mit allem, was ihr bisheriges Leben ausgemacht hatte, und wenn es glückte, könnte die Abhängigkeit von einem Gegenüber dadurch überwunden werden.

ISBN: 978-3-944442-92-1 | 172 Seiten | 16,00 € (D)

Yves Rechsteiner

Als läge dort tot der Vater

Vater, Mutter, drei Söhne – eine nach außen hin ganz normale Familie aus der Vorstadt. Doch der Schein trügt. Die Gewalt, der Hass und die Alkoholsucht des Vaters beherrschen das Zusammenleben. „Als läge dort tot der Vater" beschreibt die traumatischen Familienverhältnisse eines Jugendlichen und seine verzweifelte Suche nach einem Ausweg aus dieser Hölle.

ISBN: 978-3-944442-35-8 | 144 Seiten | 14,90 € (D)

Jana Reich (Hg.)

Übersehene Kinder

Biografien erwachsener Töchter von Borderline-Müttern

Rund 30 Töchter zwischen 19 und 62 Jahren beschreiben ihr Leben, das durch ihre Mütter, die an der Borderline-Persönlichkeitsstörung erkrankt sind, wesentlich geprägt wurde. Ein Tabu-Thema: Alle Töchter erlebten psychische Gewalt, viele von ihnen körperliche Gewalt und manche sexuelle Gewalt durch ihre Mütter! Die Mütter sind an Borderline erkrankt, weil sie in ihrer eigenen Kindheit oder Jugend durch emotionale Vernachlässigung, körperliche, sexuelle und/oder psychische Gewalt, durch Verlusterfahrungen, Flucht und/oder Krieg traumatisiert worden sind. Diese, von ihnen unbearbeiteten, Traumata haben Auswirkungen auf ihr eigenes Leben und das ihrer Kinder und Enkelkinder.

In der Gesellschaft und in psychiatrisch-therapeutischen Kontexten gehören die Töchter und Söhne auch heute noch zu den „übersehenen" Kindern psychisch kranker Eltern(teile).

ISBN: 978-3-944442-99-0 | 548 Seiten | 34,80 € (D)

Reni Wagner

Neben der Realität

Weiblich, 31, ein Kind ... und dann paranoide Schizophrenie

Selten geben Menschen mit Schizophrenie Einblick in ihr Leben, ihr Fühlen und Denken. Reni Wagner ist Anfang 30, in einer glücklichen Beziehung und Mutter einer sechs Monate alten Tochter, als die Krankheit plötzlich bei ihr ausbricht. Es dauert, bis sie und ihr Partner akzeptieren, dass das Leben vor der Erkrankung vorbei ist und nur Medikamente helfen, die Schizophrenie in Schach zu halten. Scham und Schuldgefühle bei den Erkrankten und zu geringes Wissen in der Gesellschaft verhindern oft, das an Schizophrenie Erkrankte offen mit ihrer Erkrankung umgehen können. Dieses Buch möchte ein bisschen zur Enttabuisierung beitragen.

ISBN: 978-3-944442-91-4 | 92 Seiten | 12,00 € (D)